JN312727

改訂
ビジネスマナー常識集

充実した職場生活を送るために

葛田一雄 著
ささめやゆき 画

経団連出版

はじめに

　冬の夜，空を見上げると，北天に瞭(あき)らかな冬北斗が輝いています。東南に広がった銀河の中には寒昴(すばる)も見えます。

　柄杓(ひしゃく)を形づくる七つ星・北斗七星は古来，時を計る星として人の営みに大切な役割を果たしていたといいます。昴は１ヵ所に星が集まっているところから「統(すば)る」意味があるとされ，王者あるいは農耕の星といわれてきました。

　冬は花の少ない季節ですが，それでも暖地の山中に，山茶花(サザンカ)が花をつけます。ツバキ科のこの５弁花は摂氏７度ほどになると開くといいます。山茶花が冬の花ならば，春の花の代表はチューリップ。♫咲いた　咲いた　チューリップの花が……となるのは摂氏20度を超えた，ちょうど入社シーズンのころです。

　このように，気温の変化によって花咲くものを傾熱性といいます。一方，タンポポのように光にあたると花開き，日が落ちると閉じるのは傾光性です。多くの場合，四季折々に花が咲きそろうのは光周性，つまり日照時間が関係しています。日照時間が影響を与えるのは花ばかりではありません。銀杏のような落葉樹の葉が落ちるのも日照時間によります。

　落葉は，色づきながら落ちる様子が秋意そのもので，風情を感じさせてくれます。その落葉も私たちの目に見えないところでは，１つのドラマが演じられています。落葉樹の葉は散り際に，葉の中の養分を枝や幹に返します。落ちた葉はカルシウムと珪素の老廃物ですが，やがて朽ち果て，肥やしとなって大地にもどります。落葉は新芽に生命を託していったのです。

花も星も，神様からの贈りもの。草木が季を移ろい，星が動くのも神のおぼしめしにちがいありません。

　花咲く大地と星瞬く天，この間は空間です。空をまっすぐ伸びる竹の節と節の間を「節」と呼びます。竹がまっすぐ天に向かって伸びるために大切なのは，このがらんどうの「節」なのです。人の世でも大事なのは間です。人と人，人と仕事で忘れてはならないのが手配り，気配りです。"手当て"というように，元来，医者は患部に手をあてて患者の邪気を鎮めました。

　禅寺で「問訊」といえば，合掌低頭することをいいます。「廻廊往来はすべからく左頬によりて緩歩すべし。もし大己に逢わば，如法に問訊曲躬すべし」。廊下は左側をゆっくり歩き，先輩に出会った時は合掌低頭する――みんなが左側を静かに歩けば，向こうから来る人があってもぶつからずにすみます。すれ違う時に会釈をすれば，お互い，爽やかです。

　この禅寺のマナーは，廊下を歩く時も気配りをして，相手とは一定の間をとることによって通行がスムーズにいくという手本です。

　世の中の仕組みは，気・間・手います。その世の中で働くビジネスマンのマナーも気・間・手います。それをどう表現するかはビジネスマンとして生きる知恵であり，何よりも心の問題です。あなたの感性そのものがビジネスマナーなのです。

2008年10月

著　者

目　　次

はじめに

1　基本的マナー
　　——マナーは心 …………………………………… 7
　　マナーの心得　7
　　身なり，身だしなみはあなた自身　10
　　一挙手一投足に感情があらわれる　15
　　品のよしあし　18
　　明日をつくる応対・接待　24
　　挨拶は心の言葉　26

2　ビジネスパーソンの条件
　　——生まれてきた甲斐がある ………………………29
　　ビジネスパーソンのよろこび　29
　　自己を生かすビジネスパーソン　37
　　一歩一歩が未来を拓く　40

3　ビジネス意識
　　——個々の力を知恵で練り上げる集団 ……………45
　　組織を生きる　45
　　マネジメント・マインド　50
　　おもてなしの心　57
　　七転八起の心意気　65

4　仕事の進め方
　　——納得いく仕事をするために ……………………69

だれもが新人だった　69
　　　新人の心意気は「発気用意」　73
　　　企画力，計画性が大切　74
　　　日々の生活にも先見性をもって　77
　　　発想の転換で仕事が変わる　81

5　エチケット
　　——やさしさの発露 …………………………………………83

　　　仕付（躾）　83
　　　立居振舞　84
　　　身だしなみ　86
　　　エチケット・サイクル　88
　　　応　対　94
　　　名　刺　100
　　　訪問のエチケット　102

6　電話と私
　　——電話なんかこわくない………………………………… 103

　　　電話応対のポイント　103
　　　電話のかけ方　106
　　　電話の受け方　107

7　言葉づかい
　　——気取らずあせらず真摯な気持で ……………………… 111

　　　「挨拶」は禅語　111
　　　言葉づかいのあれこれ　113
　　　言葉に気持を込めて　114
　　　尊敬語や謙譲語をマスターしよう　115
　　　職場で大切な言葉づかい　117

聞き手の心得　118
　　　話し手の心得　120
　　　魅力ある話し手になるために　122

8　**読み・書き・綴り方**
　　――文章はあなた，文字は秘書 …………………………………… 126

　　　読　む　126
　　　読書法　128
　　　読書の技術　130
　　　書　く　131
　　　「箇条書き」にする要領　134
　　　図表の描き方　ワンポイント・レッスン　135
　　　手紙のマナー　136
　　　手紙の書き方　138
　　　綴　る　142
　　　綴り方教室　143
　　　まずは綴ってみよう　144
　　　文章の推敲　145

9　**情　報**
　　――情報に右往左往しない法 ………………………………… 147

　　　情報源　147
　　　ファイリング　148

10　**人間関係**
　　――心と心の交流 ………………………………………………… 151

　　　1人では生きられない　151
　　　グッド・コミュニケーションをつくるために　153

11 つきあいのマナー
　──まず自分から，かたくなにならないで ………… 156

一期一会　156
つきあいのコツ　158
酒席の心得　160
同僚とのつきあい方　161
上司・先輩とのつきあい方　163

12 自己啓発
　──明日を創造するために ……………………………… 165

一度だけの人生　165
自己啓発のこころ　167
自分に合った方法で　171
心に炎を　173
ビジネスマナーは品格を高める第一歩　175

参考文献
あとがき

　　　　　　　　　　　　　表紙カバーデザイン／林一則
　　　　　　　　　　　　　表紙カバー挿し絵／ささめやゆき

1 基本的マナー

|||||||| マナーは心 ||||||||

マナーの心得

<少しずつ身につけよう>

「茶の湯とはただ湯を沸かし茶を点てて飲むばかりなる本を知るべし」（利休）

茶の道は，火を熾こし湯を沸かし，茶を喫するまでのことをいいます。「なあんだ，あたりまえじゃないか」，そう，あたりまえのことです。

ビジネスの世界でのマナーを一般に「ビジネスマナー」と呼んでいますが，ビジネスマナーも特別面倒なことではありません。どれもあたりまえのことばかりです。人として，ごく普通のことをしていればいいわけです。

とはいっても，あたりまえのことをあたりまえにやるのは，

なかなかむずかしいことです。

「茶は服のよきように点て　炭は湯の沸くように置き　花は野の花のように活け　さて　夏は涼しく　冬は暖かに　降らずとも雨の用意　相客に心せよ」——利休七則です。これを手ぬかりなく行なうのは、茶の達人でさえむずかしいとされています。ビジネスマナーも最初からすべてをクリアしようとしても、それは無理というものです。

そこで、どうしたらビジネスマナーが自分のものになるか、一緒に考えていきましょう。自分なりに納得できるマナーが少しずつでも身についていけば、きっと昨日と違う今日が、そして今日を確実に超える明日があります。

＜自分を高める梯子＞

まず、最初に申し上げておきたいことがあります。マナーは決して他人のためにあるのではなく、自分自身のためにあるということです。

日本人は挨拶の時やお礼をいう時、お辞儀をします。その時、型どおりの作法で頭を下げても、心がともなっていなかったら、相手はどう感じるでしょう。たぶん、自分を小馬鹿にしているとみて、不愉快に思うのではないでしょうか。

マナーを扱った多くの本には「マナーは相手との関係を良好にするためのもの」とあります。たしかに、相手を怒らせたり、不愉快にさせるためにマナーがあるわけではないのですから、人間関係をよりよくするためにマナーが必要だという見方はまちがってはいません。しかし、マナーの本質は「形」ではありません。「心」です。心のない、形だけの行為なら、むし

ろ，やらないほうがいいくらいです。

　生命にはスペアーがありません。かけがえのない生命です。何となく生きることなどつまりません。昨日より今日，そして明日と少しずつ少しずつ，自分を高めていくところに生きがいがあるはずです。お互い，一度きりの人生，何もしなかったら人間に生まれてきた甲斐がありません。

　よく，「男は四十をすぎたら自分の顔に責任を持て」などといいますが，男女の別なく，ある一定の年齢に達すると人格が顔に出てくるようです。何か光るものをもっている人の顔は相手を魅きつけます。いつもキラキラ輝いている目の人と話をしていると，こちらの心まで明るくなってきます。顔は自分でつくっていくものといいます。

　それと同じように，心の豊かさが外側に出たもの，それがマナーです。よいマナーは豊かな心から生まれてきます。マナーは，いま少し自分を高めるためにあるのです。このことを忘れないでください。自分を高めるための梯子，階段がマナーなのです。

　これから述べるビジネスマナーの1つ1つは，あなたにとって1つの指標です。指標ではありますが，お手本ではありません。書いてあることを自分の中で消化した上で，自分で素直にできるところから始めてみてください。そのうち，あなた自身の心から表現できるマナーが，ごく自然に身につくはずです。

身なり，身だしなみはあなた自身

＜身なり，身だしなみもTPO＞

　髪型や服装など，身なりに対して無頓着な人がいます。もちろん，オシャレな人もいるでしょう。オシャレと一口にいっても，人目につくところにだけ気を配るという人もいれば，要は清潔であればいいという意見の人もいて，人さまざまです。身なり，身だしなみは，一面，あなた自身の生き方をあらわしているといえます。

　キャビン・アテンダントは決められた制服を着ていますが，そればかりでなく，髪型から爪の長さに至るまで実に細かく決められています。デパートや銀行，それに警察官なども制服を身につけています。制服のある職場でも，ない職場でも仕事をするのですから，仕事のしやすい，身に付けて快適なものがい

いに決まっています。では、動きやすければどんな格好でもいいのでしょうか。身なり、身だしなみには、ＴＰＯが必要です。ラフな服装が許されている職場でも、周囲の人が目のやり場に困るような服装、人から眉をひそめられるような服装は避けるべきでしょう。

　まわりの人たちとの調和を考えながら、しかも自分らしさを失わず、仕事をするのにふさわしい身なり、身だしなみを心がけましょう。

＜一言申し上げます＞
　身なりと身だしなみについてもう１つ申し上げておきたいことがあります。

　応接室で相対して話をしている時、一番目がいくところはネクタイの結び目あたりです。話をしている間中、相手の目をずーっと見ているわけにもいきませんし、まさかソッポを向いて窓の外を眺めているということもできません。かといって、叱られているのでない限り、下を向いているのも変ですから、どうしても無難なところで首から胸元あたりに落ち着くことになります。

　すると、ヒゲの剃り残しや肩のフケ、ネクタイの結び目の汚れなどが目についてきます。いったん気になりだすと、実際以上に不潔っぽく見えてくるものですから、汚らしいという印象をもたれてしまうかもしれません。これではうまくいく話もこわれてしまいます。

　ネクタイの結び目は、しょっちゅう手で触れますから、どうしても汚れてしまいます。そこで一計、ネクタイを結ぶ前、ほ

どく前に石鹸で手を洗う習慣をつけてはいかがでしょう。実行してみればそう面倒なことではありません。ぜひおすすめします。ネクタイが長持ちしますし，清潔な結び目が誇りに思え，心にゆとりができるでしょう。まさに一石二鳥です。ネクタイを例にとりましたが，何もネクタイに限らず，持ち物に愛着をもち，身なりに気を使い，いろいろあなた自身で工夫をしてみてください。堂々とした，自信に溢れた対応をするには，こういった小さいことの積み重ねも大事なのです。

＜誠実な物腰＞

ビジネスマナーは，誠実さを高めるために欠かすことができません。誠実な物腰などといいますが，目つきや顔の表情などから誠実さが伝わってくるものです。誠実とはまじめで真心がこもっていることです。物腰とは，言い振り，言葉つき，身のこなし方，動作のことです。不誠実さの典型は，虚偽です。真実でないこと，真実のようにみせかけることを虚偽といいます。

真心を誠心ともいいます。真心は正しいみち，正道，正路（せいろ）の中にあります。嘘，偽り，空言は誠心がないあらわれです。

江戸時代の書物に，「世間胸算用」（井原西鶴著）という本があります。この本の中に商人の空言を戒める「悪事は必ず露見する」という逸話があります。蛸売りを生業にしている足切り八助の話です。

『この男は魚の行商を営んでいたが，生来の欲深である。蛸の足を一本切り取り七本足にして売り歩き，切り取った一本の足も煮て売っていた。いざとなれば，蛸は腹が減ると自分の足を食うと言い逃れるつもりであった。欲深が増して一本ではす

まなくなり、二本を切り取った蛸を売ることにした』

しかし、悪事は露見するものです。

『ある時のこと、お屋敷の娘に呼び止められた。六本足の蛸を売る算段になったところでお屋敷から武士が出てきた。武士が皿の上の蛸をみて、「裾の枯れた蛸ではないか、足は八本のはず数えてみろ」と八助にいった。八助は六まで数えて後が続かない。武士は八助の襟を捕まえようとしたが、すんでのところで一目散に逃げた。このことが世間に知れ、足切り八助と誹られ、だれからも相手にされなくなった。やがて、八助は身を滅ぼしたという』

西鶴は、商売には誠実さが必要であるとして「正路の商売」の大事を説いたのです。

＜1人の人間として行動する＞

専門職である前に1人の人間として行動することが大切です。1人の人間として誠実な行ないをすること、それがビジネスマナーです。1人の人間として何をなすべきかを考え、礼と作法に従って行動することがビジネスマナーです。

ビジネスマナーの要諦は5つほどあります。

○相手を認める
　・良い行為は称え誉める
　・自尊心を傷つけない

○真似て覚える
　・良い行ないは見て習うものである
　・良い行ないは教えてもらうものではなく真似て習うものである

○看板だけで人の価値を判断しない
　・学歴など看板だけで人物を評価しない
　・資格取得は専門職を志すための入り口である
○失敗した時には思いやりをこめる
　・人を卑下し，人に憎しみをもってはいけない
　・挑戦したから失敗をした。何もしないより評価に値する
○職場は自己を生かす場である
　・職場は仕事に必要な知識や知恵を得ることができる
　・職場は仕事に必要な技術を習得し，さらなる技術を磨く場である

一挙手一投足に感情があらわれる

＜自分の気持を伝える＞

かつて管理者の部下に対する指示は,「言うとおりにしろ」「俺を信じろ」などという指揮命令一辺倒でした。また,人と人の関係は「あうんの呼吸」が大切であるという考えが主流を占めていました。相手の考えや気持を察することが大事とされてきました。

いまは,相手の考えを察することも求められてはいますが,それよりも相手が理解し,納得できるように説明することが大事になってきました。管理者と部下の関係も対話を重視する傾向が強くなっています。

ビジネスの場では,アカンタビリティが強く求められています。アカンタビリティとは,説明責任と訳されることもありますが,説明可能な成果に対する責任のことです。役割や責任を成果の形であらわしたものがアカンタビリティです。

そこで,自分にどのような成果が求められているかを認識することが重要です。内輪の論理ではうまくいかないことが多くなってきました。ちょっとした言葉の行き違いにすぎない,些

細なことに思えても，相手にとっては重要な事柄である場合があります。対応次第では訴訟に発展する事態にもなります。

＜引き締める＞

　人間は1人では生きられません。親がいて，兄弟がいて，友人がいます。恋人をつくり，結婚し，子供が生まれ，家庭を築きます。なかには，心がそぐわなくなって友人とけんかをしたり，離婚をする人も出てきます。

　人間は，人の間と書くわけですが，文字どおり，私たちにとって人間関係はとても大切なことです。マナーの心は自らを高めることにありますが，それと同時に，人間関係をより円滑にするものでもあります。友人や恋人，夫婦は，肩が凝らない関係がいい，とよくいわれますが，肩が凝らない関係とは，わがままいっぱいでいいということではありません。昔から親しき仲にも礼儀ありと伝わってきたとおり，人と人の関係には節度が必要です。

　社会生活の規範となるものに法律があります。何も，法律があるから規範が生じるということではなく，私たち1人ひとりがお互いを尊重することによって，おのずと節度が生まれてくるのです。猿や鳥などにも生きるためのルールがあるといいますから，もし，人に節度がなくなれば，私たち人間は動物の中でも低俗な生き物になってしまいます。

　規範とか，節度というとむずかしそうですが，そう堅苦しく考えなくてもけっこうです。私たちは神様ではないのですから，どんなにきばってみても，どこにも文句のつけようがない聖人君子のようには生きられません。要は，自分の言動を

ちょっとふり返る心を忘れなければいいのです。

＜心を込めて＞
　人の道に7つの教えがあるといいます。七教といって，君臣，父子，夫婦，兄弟，朋友，長幼，賓客のそれぞれに対する道義のことです。この七教に従っていれば賢人になれるのでしょうが，人には七情ありといいます。七情とは，喜怒哀楽愛悪欲の7つの感情です。七情のバランスをどこでとるかが，私たち1人ひとりの生きざまを決めます。感情的になって肩ひじを張ったとしても，そのまま張りっぱなしだったら疲れきってしまいます。そのうち，自分で自分のしぐさが馬鹿らしくなってくるのが人間です。

　対話のマナーの1つに，相手の目を見て話せ，というのがありますが，考えてもみてください。恋人同士ならいざ知らず，ジーッと見つめられていたら，恥ずかしくなるやら，こそばゆくなるやら，ついには気色悪くなったりして，しまいには怒り出すかもしれません。つまり，相手の目を見て話せということは，はじめと終わりの挨拶の時とか，相手の話を了解する時，相手に念を押す時など，要所要所で目を見ろということなのです。

　マナーには押さえるべきポイントがあります。ポイントをつかみ，一挙手一投足に心がこもっていれば，マナーを恐れることなどありません。

品のよしあし

　気品とは人間として品位があることです。どことなく感じられる上品さを身につけたいものです。他者のしぐさや行動の良いところを真似て学ぶことが気品を高めることになります。

　＜気づき＞
　他者の上品さに気づくことが気品あるビジネスパーソンとして行動するための手始めです。気づきとは，細かなところまで配慮が行き届くことです。
　○心構え
　　視点や立場を変えてみて，他者を信じ，他者の良いところを受け入れる謙虚さが必要。
　○自分のタイプを認識する
　　「見て覚える」「聞いて覚える」「体験して覚える」「書い

て覚える」など気づき方はいろいろある。気づきを得るために自分のタイプを知ることが必要。

○気づくための手順とポイント
・Step 1
  聞く……集中して聞く。メモをとる。復唱確認する
  実行……指示どおりにやってみる。疑問点を確認する
  復習……やってみたことを，まとめて振り返る
・Step 2
  観察……手本になるビジネスパーソンあるいは目標になる人物像を描く
  試行……手本を真似て，自分の行動に取り入れて実行してみる
  改善……「もっと○○できないか」という観点から見直しをしてみて，「こういうことが起きたら，どうなるか」などと考えを発展させてみる
・Step 3
  習慣化……「意識して」行動することで習慣化できる
  研究……深く極めるために自己研鑽を欠かさない
  工夫……「最高の状態」を描いてそこに近づく努力や工夫をする

　心の発露が表情，しぐさ，行動です。心に品が備わっていないと表情，しぐさ，行動に気品を醸し出すことはできません。でも自分には品がないからと諦めることはありません。表情，しぐさ，行動を整えることによって，次第に気品が芽生えてくるものです。

　○座り方……正座は姿勢正しく座ること

- 「正座の心で座をただしうするほどに」、心に品が出てくる
- 跪座(きざ)という座り方もある。ひざまずいて座ること。座ってつま先立った姿勢。前からみると正座だが、いざという時にたちどころに立ち上がることができる。座りながらも直ぐ立ち上がれるところから身体が生きている姿勢ともいう

○右用左体……物を受け取る時、あるいは物を手渡しする時の両手の使い方をいい、利き手が右手であることが前提
- 物をまずは右手で受け取り、続いて左手を添えて、両手で保持する
- 物を手渡しする時には両手で保持し、そのまま手渡し、相手が右手、そして左手の順序で両手に受け取ったことを確認したあとで、まずは左手を外し、相手が確実に保持していることを再度、確認して右手を外す
- こうすると落とすなどという粗相をしないですむ

○恭敬愛(きょうけいあい)……気品を醸し出す3要素
- 恭は人に対し礼儀正しく慎むこと
- 敬うは他人を尊んで挙動を慎むこと
- 愛は人をいたわること

○心の容(かたち)……心に思ったことを身体の部位であらわすこと
- 見目麗しいという表現があるが、容貌が美しいことをあらわす

○基の容……何をおいても恭しさが求められる。恭しさとは礼儀にかなって丁重であることをいう
- 恭しさをつくり出すためには心の芯が必要。心の芯のこ

とを 粛(しゃく) という
- 足は大地を踏み前方に向ける。この容を 重(ちょう) という。腰から下はどっしりしているということ
- 頭はまっすぐ立てて,耳が肩にまっすぐ向いている姿勢で,すっくと立つ。この容を 直(ちょく) という
- やや見開きかげんで真正面を涼やかに見る。この容を 端(たん) という。きょろきょろしないようにする
- 声は穏やかで落ち着いて話す。この容を 静(せい) という。目と声で誠実さを表現することになる

○十分心 七分身……心十分にして起居振舞を控目にすること
- 十の思いを七で表現することで相手から共感が得られる

＜気品を引き出す智慧＞

日本人は閑寂な風趣を好んできました。茶道や俳諧などにはことのほか閑寂な風趣が求められます。閑寂とはものしずかなことです。風趣とは心のあり方,心の動きなどおもむきのことです。閑寂のおもむきのことを寂(さび)といいます。寂は気品を引き出す知恵になります。寂の世界を垣間見ましょう。

○花鳥風月……天地自然の美しい景色のこと
- 風流(ふうりゅう) と美意識の取り合わせが花鳥風月。風流は風雅(ふうが)ともいい,俗でないこと,みやびなこと。美意識は美に対する感覚や判断力

○柳緑花紅(りゅうりょくかこう)……柳は緑,花は 紅(くれない) であること
- 春の美しい風景のたとえ。物が自然のままで,少しも人工が加えられていないことのたとえ。禅宗で悟りの心境

を言い表わす句でもある
- 茶禅一致（ちゃぜんいっち）……茶道と禅道を合体したものを茶禅といい，茶道の奥義と禅道とが一致するということ

＜気品ある日々の行動＞
ちょっとしたしぐさや思いやりが気品につながります。
- 肩引き

　道を行き交う時にスッと肩を引くとぶつからないですみます。狭い道を歩く時の心づかいです。肩を引き合って胸と胸を合わせる格好で通り過ぎるということで，すれ違いざまにさりげない会釈やまなざしを向けることでさらなる思いやりが表現できます。
- 三脱

　初対面の人には，職業，地位，年齢などを聞かないことが礼儀とされています。人のつきあいには互いの人間性に対する気配りが求められます。職業，地位，年齢などから人間関係に上下ができてしまうことがあります。相手の職業，地位，年齢に配慮することは必要ですが，こうしたことを初対面の人にずけずけと聞くことは避けたいものです。
- 迂闊詫び（うかつ）

　迂闊とは注意の足りないこと，うっかりしているさまです。電車やバスの中で足を踏まれた時には，文句のひとつも言いたくなりますが，足を踏まれた自分にも責任があるという配慮も必要です。足を踏んだ者が，「申し訳ありません」と素直にお詫びするのは当然ですが，「私こそぼん

やりしていたものですから」「こちらこそ，うっかりしていました」という言葉を返すことも忘れないでください。

○打てば響く

　くどくどと説明しなければわからない人とのつきあいはむずかしいものです。いくら言っても理解されないばかりか誤解を生じかねません。打てば響く心意気はそう簡単に身につくことではありませんが，心してみてください。

○返事は「はい」

　ものごとを頼まれた時の返事は「はい」の一言です。「はい，はい」と返事を繰り返す人を見かけますが，これは目上の人からすると軽んじているように受けとられがちです。してはならない表現，使わなくてもよい表現です。

○行き先をむやみに聞かない

　だれかれ構わず，相手の行く先を根掘り葉掘り聞かないようにしましょう。「おや，お出かけですか」「ちょっと，そこまで」。その先を聞くのは必要がある時だけ。

○足組み，腕組みをしない

　足組み，腕組みが癖になっている人もいますが，足組み，腕組みは自分を誇示していると見られがちです。人と会っている時には避けたいものです。

明日をつくる応対・接待

＜背すじをピンと＞
「応対とは相手になって受け答えすること，または話や交渉に応ずることをいう。

接待とは摂待とも書き，客をあしらい，もてなすこと，もてなし，接遇という。行脚僧，旅僧を布施する法の1つであり，門前，往来に清水または湯茶を出しておいて，通行の修行僧にふるまった。一般に温茶，食事などをふるまうことをいう」

応対・接待は，今を大切にする心です。今は今しかありません。二度と帰ってきません。「一期一会」，聞いたことがありますか。幕末の大老，井伊直弼の言葉です。直弼は石州流茶人としても知られている人ですが，著書「茶湯一会集」の中でこう述べています。

> 『そもそも茶の交会は，一期一会といひて，たとへば，幾度おなじ主客交会するとも，今日の会に再びかへらざることを思へば，実にわが一世一度の会なり。……実意を以て交るべきなり』

今この時の出会いは一生でその時1回きりです。友といえど，明日は敵・味方に分かれるかもしれない戦国時代，茶会で，亭主は心を込めて茶をたて，客も今生の別れを覚悟しつつ茶を服したといいます。

　一生一回の出会いだからといって，ことさら自分を飾りたてることはありません。飾ったところで上辺(うわべ)だけの応対になったのでは，虚の交わりにすぎなくなります。ごく普通の自分をほんの少しだけ律すればいいのです。背すじをピンと伸ばす，あの気分です。そして相手に心を開くことも大切です。人と接する時，こちらが相手に対していやな感情をもっているとなぜか相手もいい印象をもちません。

　ところが，相手と親しくなりたいとか，相手から学びたいという気持で接すると，それが相手にも伝わってうまくいくものです。心を閉ざしていたら，せっかく相手がいいものをもっていても，それを引き出すことはできません。

＜よくいらっしゃいました＞
　訪問先で茶菓を出されることがあります。お茶の接待は「よくいらっしゃいました。どうぞ，お茶を召し上がれ。そして気分をお楽にしてください」という心です。これを「喫茶去(きっさこ)」といいます。

　お茶の出し方に関するエピソードを1つ紹介しましょう。

　関ヶ原の戦いで有名な西軍の将，石田三成の話です。三成は武士になる前，寺で茶坊主をしていました。狩に出ていた秀吉が喉の乾きをおぼえ，近くにあったその寺に立ち寄り，茶を所望しました。三成はぬるめの茶を大振りの茶碗に入れて供した

といいます。秀吉はさらに茶を求めました。三成は中振りの茶碗で温い茶を差し出しました。もう一服，と秀吉にいわれた三成，今度は小振りの茶碗に熱い茶湯を入れました。

　喉が乾いているのだから，一服目は一気にたっぷり飲めるように，三服目には，喉の乾きも癒えただろうから，ゆっくり風景でも楽しみながらどうぞ，といったところでしょうか。三成のこの心配りに感じ入った秀吉は，さっそく三成を小姓に取り立てたということです。茶の入れ方で相手の心をとらえ，自ら新しい世界をつくり出したいい例です。

挨拶は心の言葉

＜人生の色＞

　味覚には五味あるといいますが，季節にも味があります。「春苦味，夏酸味，秋滋味，冬甘味，年中辛味」。たとえば，春のフキノトウ，夏は酢のものというように，身体が欲する味があります。秋の滋味は，水のうまみを指しています。秋は食物の豊富な時季ですが，材料を生かすも殺すも水次第，水が大事です。冬の甘味は，身体にエネルギーを蓄え，寒さから身を守るために。そして，年間を通して，辛味（ネギやショウガ，あ

るいはトウガラシ、サンショなどの薬味）を上手に使っておいしくいただきましょう、というわけです。

　最近はハウス栽培やら品種改良、はたまた輸入で、季節を問わず何でも手に入るようになりましたから、「季節に味がある」といったところで、ピンとこない人も多いと思います。食物がもはや季節感を感じさせなくなったとすれば、人は何に季節を感じるのでしょう——私は「風」ではないかと思います。

　春の訪れを告げる春一番。青葉若葉のころの風の爽やかさ。白南風(しらはえ)が梅雨明けを知らせると早くも浜には熱風が吹き始める。秋風が立って、ようやく秋。やがて街を木枯らしが吹き抜ける……。風にも味があります。「風味」といえば、上品で趣のある味わいのことです。

　味と季節のことを述べてきましたが、季節は色とも関係があります。

　昔は、青というと、木の葉や草の緑のことを指していました。春は芽吹きの時季ですから、「青春」です。夏は烈しい陽ざしの下、ものみな真っ赤に燃える季節です。夏を「朱夏」といいます。秋は落葉樹が黄葉、紅葉に移り、やがて、ひとひらひとひら落葉となって散っていきます。落葉となって何もなくなるところから「白秋」というわけです。冬は寒く苦しく厳しい季節です。閉ざされた時季だから、玄(くろ)い色をあてて「玄冬」といいます。

　四季に味や色があるように、人間にも味、色があります。いま、あなたはさながら若い若い青春真っ盛りでしょう。「人生一色」ともいいます。あなた自身の人生を借りものの人生にしないため、自らで、思うがままに染めあげてください。

＜我以外全我師＞

挨拶は心の言葉です。よく，第一印象といいますが，私たちは，挨拶からその人がもっている色や味を知るわけです。挨拶は，形に気を取られてばかりいると，かえってチグハグなものになってしまいます。自分の持ち味を生かした挨拶をすればいいのです。心を添えて挨拶すれば，相手はあなたの色や味をちゃんと見てくれます。

「我以外全我師」と吉川英治の小説『宮本武蔵』にあります。学ぶ謙虚さをもって，周囲の人々から，自分にはない，いろいろないい面を見い出すことです。それを徐々に自分のものにしていけば，あなたの人生はもっと豊かになります。挨拶は相手から何かを得ようとする始まりだといえます。長いようで短い人生です。あなただけの味と色を一期（一生）でつくりあげてください。

2 ビジネスパーソンの条件

||||||||| 生まれてきた甲斐がある |||||||||

ビジネスパーソンのよろこび

＜基本的欲求＞

　労働を提供し，その対価として賃金を得て生活する者を労働者といいます。

　労働条件の基準を定めた法律に労働基準法があります。労働基準法では，「職業の種類を問わず，事業又は事務所に使用される者で，賃金を支払われる者」を労働者といっています。

　労働とは何かというと，骨折り働くことや，体力を使って働くことです。経済学でいうLabo（u）r，つまり労働は「人間がその生活に役立つように，手，足，頭などを働かせて自然資料を変換させるプロセス」を意味します。

　勤労者といういい方もあります。勤労者とは，俸給生活者，小商工業者，労働者，農民などの総称で，勤労による所得で生

活する階層を指しています。ここにいう勤労は，心身を労して勤めに励むことですが，いいかえれば，一定の時間内に一定の労務に服することが勤労です。

　まわりくどい表現をしましたが，ビジネスパーソンは労働者であり，勤労者であるということです。ビジネスパーソンにとって賃金を得て自分とその家族の生活を安定させることが，何にもまして大切な役割です。ところが，ビジネスパーソンは賃金を得るためにだけ働いているわけではありません。私たちには労働に関して5つの欲求があるといわれています。

　その1つは，生きていくために必要なもの，お金を得ることです。今，多くの会社は1日8時間労働制になっていますが，その昔は1日の労働時間が12時間であったり，あるいは16時間であったりしました。今では考えられないことです。このように労働時間が長かったのは，賃金が安く，それだけ働かなければ生計を維持できなかったからで，長い時間働いてようやく生活できたわけです。

　2つ目は，1日24時間が働くことと眠ることだけではつまらない，自分で自由になる時間をもちたいという欲求です。8時間労働し，8時間睡眠をとるとして，残りは8時間。ここから通勤時間を除いたものが自分の時間になるはずですが，会社の仕事には納期やら客先との約束などがあって，残業をしなければならないことも多いものです。残業をしてでも仕事の責任を果たすということは社会人として大切なことですし，ものごとをなし遂げるよろこびも得られます。とはいえ，仕事のほかは眠るだけという日が毎日続いたらどうでしょう。だれだって，もういやになってしまいます。だいいち，仕事の効果があがら

ず，非能率的です。

　3つ目は，こま切れの時間ではなく，1日まるまる自由になる日，つまり休日がほしいという欲求です。欧米ではキリスト教の思想から，週1回，安息日をもつ習慣が古くからありましたが，日本では，住み込みの奉公人には年2回の藪入り（正月と盆）に1日ずつ親元などへ帰らせてもらえる以外，休みはありませんでした。これではゆっくり恋人と会う暇もないし，家族で団らんの時間もありません。

　そのため，週1回の休日が法定化されたわけですが，昨今では週休2日制の会社も多くなりました。

　人間は働きどおしでもビクともしないロボットとは違いますから，ここまでの3つ，賃金，労働時間，休日に関する欲求は，人間の基本的欲求としてもっともな事柄です。その意味では労働者として当然のものだといえます。さて，当然の欲求といいましたが，賃金は高ければ高いほど望ましく，労働時間は短いほどいい，さらには休日は多いほどすばらしい，というように簡単にはいきません。

　会社は利益を生み出さなければ成長はありません。赤字が続けば倒産することさえあります。これでは，いくら賃金が高く，労働時間が短く，休日が多くても，社員やその家族は安心して暮らすことができません。会社ごとに労働条件が違うことは，競争社会として当然です。労働条件は，その会社の経営状態や置かれている状況によって格差が生じてきます。しかし，よい従業員を確保するためには，せめて世間並みの水準を維持していないといけませんし，新人の採用もおぼつかなくなります。

このように，労働条件は世間相場から決まってくることもありますが，何といっても，その会社の業績が大事です。業績，つまり会社の実力をもとに，労使間で話し合いがなされ，労働条件が決まります。わが国の労働組合のほとんどは企業内組合です。労使一体となって業績を伸ばし，その結果，組合員の暮らしも向上するという仕組みです。

＜働くよろこび＞

これまでの3つの働く欲求のほかに，あと2つ欲求があります。労働条件は労働者にとってたしかに重要ですが，労働条件がいいというだけでビジネスパーソンのよろこびが生まれるとはいえません。むしろ，これからあげる2つがあるからこそ，ビジネスパーソンのよろこびが生じるともいえます。

その1つは，仕事を通じて人に尊敬，信頼されるよろこびです。「この面倒な仕事がよくできた。ありがとう」とか，「この仕事はあの人に任せておけば安心」「あの人なら大丈夫」，あるいは「彼はこの仕事のエキスパートだよ」という類です。

自分で自負していることに関して，お世辞ではなく人にほめられたら，実にうれしいものですし，人に尊敬されるようになると，ますます自己研鑽に励むようにもなります。

もう1つは，自己を高め，もっと納得できる仕事をしたい，仕事を通じて社会の役に立ちたいということです。このことを産業心理学では「自己実現」と呼んでいます。人生を豊かで実りあるものにしたいという気持を自己実現することによって，ビジネスパーソンとしてのよろこびが自分の心に広がっていくのです。

自己実現は決してむずかしいことではありません。少しずつ，一歩ずつ前進していけばいいのです。努力するあなたの後姿を必ずだれかが見守ってくれるでしょう。一所懸命になっている人を神が見離すはずがありません。

　「一所懸命」と書きました。「オヤッ，学校じゃ一生懸命と教わったぞ」と思っている人もたくさんいるでしょうが，両方とも正しいのです。元来は一所懸命と書き，その語源は平安時代の荘園に由来します。貴族は天皇から一定の大きさの荘園を与えられました。貴族たちは自分の暮らしもよくしたいし，荘園で働く人々の暮らしもよくしてやりたいと思い，一定の広さの土地でより多く農作物をとる工夫をしました。ここから一所懸命という言葉ができたのです。

＜本当のよろこび＞
　さて，これまで働くよろこびについて述べてきましたが，それは，どちらかというと，ビジネスパーソン1人ひとり，いわば個人のよろこびでした。

　ところが，ビジネスパーソンは1人で仕事をしているのではありません。集団で仕事をしています。したがって，1人ではできないことを集団によってなし遂げるよろこびもあります。1人ひとりの力を集団として知恵で練り上げ，1人ではできない，より大きなことを完成させるよろこびです。スポーツでいえば，チームの勝利というものです。

　スポーツのチームについて少し考えてみましょう。チームに入ることによって，よい監督，リーダーにめぐり合うよろこびがあります。これが，将来自分もいいリーダーになってみたい

という気持につながっていきます。チームメイトの関係では，いいメンバーと一緒にゲームできるよろこびがあるでしょう。自分も相手にとっていいメンバーでありたいと思うでしょう。

＜働きがい＞

　働きとは動くことです。仕事をすることも役目を果たすことも働きです。「働きが認められる」というのは功績が認められることです。よく働く人や勤勉な人のことを働き者といいます。人は，腕前のあることや巧みに事を処理することができたときに甲斐を感じるものです。行動の結果としての効き目や効果を甲斐といいます。働いてみるだけの値打ちが働きがいです。

　働きがいのある職場かどうかの目安は，4つあります。

　1つは，夢が語り合える風土があるか。技術，サービス，事業の夢があるかです。

　2つは，発想の転換が容易な職場か。未来に向けて今の行動を選択することができるかです。

　3つは，自ら目標を設定し挑戦できるか。そのためには創造性と勇気が必要になります。

　4つは，常に情熱を燃やすことができるか。本音でものが言える組織でないと情熱を燃やすことはできません。

　働きがいは仕事を通して得られるよろこびでもあります。どのようなよろこびを得られるのでしょうか。仕事には10のよろこびがあるものです。

　・自信をもつことができたよろこび

　・自分の仕事が認められたよろこび

・自分の力を発揮できたよろこび
・自分の力を確認できたよろこび
・自分が成長できたよろこび
・潜在能力を顕在化できたよろこび
・友情や仲間を得ることができたよろこび
・チームとして成果をあげたよろこび
・自己欲求を高めることができたよろこび
・よい会社に勤めているよろこび

＜やりがい＞

仕事とは，すること，しなくてはならないことです。やりがいは「するだけの値打ち」です。やりがいのある仕事とは，するだけの値打ちがあるしなくてはならないことをいいます。

仕事にはＰＯＬＣという手順が必要です。
・Ｐ……計画（planning）
・Ｏ……組織化（organizing）
・Ｌ……統率（leading）
・Ｃ……統制（controlling）

計画は，ものごとを行なうにあたって，方法や手順などを考えて企てることをいいます。組織化は，つながりのない個々のものを一定の機能をもつようにまとめることをいいます。統率は，多くの人をまとめて率いることです。統制は，一定の計画に従って制限し，指導することです。

こうした仕事は，経営管理者がすることであり担当者の役割ではないと考える人がいるかもしれません。担当者は，指示されたことを実施（doing）するだけでよいという考え方です。

担当者は労働者であるから指示されたとおりの労働を提供し，そして，労働を提供した対価として賃金をもらえればいいというものです。

　こうした考え方をしていると，担当者の多くは知性を失い創意工夫の余地をなくしかねません。やがて，担当者は仕事にも会社にも無関心となっていくのではないでしょうか。

　担当者と経営管理者の関係が機械的，形式的になっていくと，経営管理者と自分たちとは違うとして両者を隔てる壁がつくられがちです。こうした構図を発生させないためには経営管理は経営管理者だけがするのではなくて，担当者もＰＯＬＣの一端を担っているという認識が必要になります。経営管理者には担当者を計画，組織化，統率そして統制の機能に参加させる責務があります。担当者と経営管理者がともども，仕事を通じて，人間性，自主性，創造性を発揮できる職場づくりを志向することになるからです。

　A.H.マズロー（Maslow）という学者の学説に「動機づけと個性」（Motivation and Personality）というものがあります。人間の欲求は衣食住のような下位の動物的欲求が充たされると，もっと高い文化的，情緒的，倫理的な欲求を充足したいという衝動にかられるというものです。動機づけとは，人間を行動に駆り立てることをいいます。職場は，仕事を通じて，資質の発現につなげることができます。職場は，仕事を有意義と感じ，やりがいを感じる場でありたいものです。

自己を生かすビジネスパーソン

<今考えなければならないこと>

人間が他の動物と本質的に違うことは,身体の発育に比べて大脳の発達がゆっくりだということです。私たちの身体は20歳でほぼ完成し,あとは年をとるに従って衰えていきます。ところが,大脳生理学によると,大脳は24〜25歳で成熟しますが,その後40〜50歳まで発達が持続するそうです。高齢者の認知症が問題になっていますが,この防止には,終始頭を使うことが有効とされています。あなたは若くして認知症への道を歩んでいませんか。

話は変わりますが,グリム童話の中に人間の寿命について書かれているものがあります。——神様は人,ロバ,犬,それと猿にそれぞれ30年の寿命を与えました。ところが,ロバが神様

に「私は12年で結構です」というと，犬は「18年で十分です」といい，猿も「30年は長すぎる」と申し出ました。これを聞いた人間は「それでは私がみなさんの余りをいただきましょう」と欲張りなことをいいました。つまり，人間が神様からいただいた本来の寿命は30年で，あとは動物たちからもらった生命なのです。30歳から48歳まではロバからもらった寿命です。このため，この世代は重荷を背負って坂道をフーフーいいながら歩まねばならないのです。48歳から60歳までは犬からもらった寿命です。いつも少々くたびれて寝そべっていますが，何かあると起き上がってウーッと威厳を示します。60歳以降は猿からもらった寿命なので，人におだてられて浮かれて猿芝居をすることもあります。

　グリム童話ではありませんが，私たちは30歳までが勝負です。人生を決めるのはこの時期だといっても過言ではないでしょう。その意味でも，大脳が成熟する25歳までをいかに生きるかは重要なことです。

　ところで，人はだれでも生まれてきた時は裸ん坊です。金持ちも貧乏人も，善人も悪人も，服を着て生まれてくる赤ん坊は1人もいません。平等です。それと同じように，神様がどんな人にも公平に与えてくださるものがあります。それは生命です。生命はその人だけのもの，掛け替えのない，たった1つのものです。神様から頂戴した生命ですが，人の一生は決して平等ではないと考えている人がいます。たしかにそうかもしれません。でも，自分の人生をつくっていくのは自分自身です。がんばった人もがんばらなかった人も，努力した人もしなかった人も，皆が皆同じだったら，がんばったり努力する甲斐があり

ません。

　自分を磨くも磨かぬも自分次第。磨き方によって人生に大きな差が生じるのは当然です。この差を不公平とはいいません。実りある人生にするために，満足できる人生を送れるように自分自身を磨いてください。

　＜生きる＞
　人はいつか，人生観を明瞭にする必要に迫られます。人生観をはっきりもてない人は，ここ一番の決断すべきところで迷いに迷うことになります。

　人はまず，この世に生まれてきたことを自覚し，それから何を為すべきかということをよく考えなければいけません。人間の「生きる」心は人生観という「一条の筋金」だといいます。人生観は生きるための筋金です。人生観をもつためには，自分を知ることです。自分を知れば知るほど自分が平凡に見えてくるものです。

　心が熟し，磨かれていくと，稲の穂が熟して頭を垂れるように，謙虚になるでしょう。虚心になるでしょう。自分にとってだれもが先生であるように見えてきます。「我以外全我師」という気持です。やがて本物の自信が生まれます。

　「修業」は何の修行でも，そのものになりきることに本質があります。つらいからといって逃げていたのでは何も生まれません。

一歩一歩が未来を拓く

＜今しなければならないこと＞

前の項で、「一所懸命」について述べましたが、一所懸命に生きるとはいっても、人間は一生を通してたえず緊張していることはできません。だいいち、息切れしてしまいます。

人生には浮き沈みがあるものです。いい時もあれば落ち込むこともあります。自分の置かれた所（たとえば学校や職場）で、1つのこと（勉強、スポーツ、仕事……）に懸命になる、それが一所懸命ということです。1つ1つのことに対し懸命になった、その積み重ねが「私はやってきた。よい人生だった」となり、一所懸命が一生懸命になったと胸を張れるのです。

働いていてもいやなことは多いものです。どん底だと感じる

こともあるでしょう。問題はどん底から立ち直るために何が必要かということです。一所懸命になること——もちろん必要です。しかし，本当に必要なのは「立ち直ろう，何があっても乗り切るんだ」という気力です。この気力の源となるのは，それまで一所懸命やってきたことによって培われてきた自信とエネルギーにほかなりません。

　不安とよろこびを抱いて会社に入社します。新人教育で教えられることにいちいち驚いたり，自分にはとても無理なんて思いながらも，「もう，社会人になったんだから」と自らにいい聞かせて努力を続けます。教育が終わり，いよいよ職場に配属。毎日毎日新しいことにぶつかります。どうしていいかわからず考え込んでしまったり，ときにはミスをして上司から叱られ，しょぼくれてしまったり……。こんなことを繰り返しているうちに，だんだん仕事に慣れ，自分のペースで仕事ができるようになります。

　＜ビジネスマナーを習得する＞
　どのような仕事にも専門性が求められます。特定の分野を専ら研究し，担当することが専門性です。しかし専門性が高くても，それだけで良いビジネスができるというわけではありません。専門分野に精通していてプロフェッショナル（専門家）であるというだけでは信用や信頼は得られません。ビジネスでは，専門家である前に１人の人間としての考え方や行ないが問われます。

　プロフェッショナルを志向しつつ，心はいつもアマチュアでありたいものです。心がアマチュアという意味は謙虚な心を失

わないということです。ビジネスには礼儀を重んじ，素直に学ぶ姿勢が求められます。謙虚で素直な心は，さらなる専門性を培養することになるでしょうし，その結果として周囲から尊重される人物になれるのではないでしょうか。

　謙虚で，しかも礼儀正しいことがビジネスマナーの精神です。謙虚で礼儀正しい人物は，多くの先達者がそうであったように，人との出会いや新たな仕事から多くの気づきを得ています。ビジネスマナーを習得することは人間としての成長を促しますし，ビジネスマナーを体得する過程で職業人に求められるいくつかの能力を得ることができます。

〔自己の役割を受容する能力〕

○チームにとって役立つ存在であることを認識できる

　　仕事はチームで行なうものです。チームに貢献することは，メンバーの使命であり役割です。

○新たな感動を得ることができる

　　そのためには，たえず新しいものを探索し，新たなことに感動する心を忘れないこと。

〔葛藤を抑制し，活用する能力〕

○健全な不満を受けとめることができる

　　人間関係には，ときにはいがみあい，不満を感じることがあるものです。組織における人間関係は仲良し集団がいいわけではありません。互いが切磋琢磨する関係になる過程において，葛藤が生じます。そのときに不快や不満が発生しないようにしようとすればするほど争いを避けるために取り繕うことになりがちです。不満を覚えたとしても，目的を達成するために発生する言い争いであるとか，良い

仕事をするための争いであるとしたら，真の満足につながっていく可能性がありますから「健全な不満」ということができるのではないでしょうか。
○適度な葛藤を有効なエネルギーに変えることができる

組織は考え方や価値観の違う者たちによって成り立っています。葛藤は，いざこざ，悶着あるいは争いです。心の中に，それぞれ違った方向あるいは相反する方向の力があって，その選択に迷う状態が葛藤です。目的を達成するために発生する緊張感など適度な葛藤は有効なエネルギーです。

〔仕事に必要なプレッシャーを生み出す能力〕
○燃えたぎる血潮が醸成できる

いやいやする仕事は楽しくありません。本来，仕事をすることは人間の楽しみの1つではないでしょうか。仕事から学ぶことができますし，仕事は新たな挑戦心を駆り立てます。仕事には想いが欠かせません。良い仕事をするための熱い想いが必要です。熱い想いとは燃えたぎる血潮です。何としても成功したい，絶対に役に立ちたい，お客様に貢献したい，などという燃えたぎる血潮です。

想いが強ければ強いほど，うまくいかなかった時には大きく落胆するかもしれません。重圧に負けそうになるとか，そこまでではないとしても負担に感じることがあるでしょう。重圧や負担のことをプレッシャーという言い方をする時がありますが，実は，仕事にはpressure（プレッシャー）やstress（ストレス）が必要なのです。

人間の身体の機能にはpressureがあります。心臓から新

しい血潮を動脈に送り出す機能のことをいいます。また適度な緊張がないと通り一遍のおざなりな仕事になりがちです。stressとは精神的，感情的な緊張のことですが，適度なstressはものごとに立ち向かう力を生み出す源泉になります。

○行動に転化する意欲を生み出すことができる

　仕事を行なう力が能力です。能力を構成する要素は4つあります。知識，技術および意欲が潜在能力です。もう1つが行動です。行動は潜在能力が顕在化したものですから顕在能力といいます。知識はわかるということです。技術はできるということです。意欲はやる気あるいは態度です。意欲は，仕事に立ち向かう力です。もっとも，意欲だけあっても，知識や技術がないとすると的確な行動ができません。仕事に必要な知識と技術に，意欲がともなうことにより，的確に行動することができます。

3 ビジネス意識

||||||||| 個々の力を知恵で練り上げる集団 |||||||||

組織を生きる

＜あなたも構成員＞

組織は「一定の目標をもち，構成員の地位や役割，相互関係が決められている」人の集合体をいいます。

経営学からいうと，組織を構成する要因には構造制度要因，人間要因および風土要因が考えられています。会社が生き延びるためには，組織を環境変化に適応させていかねばなりません。組織を環境変化に適応させることを「組織改革」といいます。組織改革は，構造制度面の改革はもちろんのこととして，構造を支え動かす「人」，さらに組織の構成員がつくり出している「風土」についても改革しなければ成功しないとされています。

技術進歩をはじめ，社会の動きが速い現在，あなたの入社時の組織がいつまでもそのままの形で存在することなど，とても考えられません。会社組織は組織改革を繰り返すことで成長し

ていくのです。

何しろ激しい環境変化や同業他社との競争に対応していくためには、先見性をもった戦略的な経営が要請されます。新規の経営戦略を展開していくには、組織が柔軟に対応する必要があります。

このように、経営目標に合致した組織が編成され、運営されるのが会社組織です。そして、あなたはその構成員なのです。

＜どのタイプ？＞

組織で生きるためには、まず組織のメンバーを知ることが大事です。新入社員の場合、一緒に入社した仲間以外は全員先輩です。

組織に生きるビジネスパーソンは4つのタイプに分けられます。先輩の仕事のやり方から、先輩がどのタイプにあてはまるか考えてみてください。そして、そこから自分の仕事に対する姿勢を学びましょう。

・急だらり型
　「ハイ」と返事はいいが、実行に移すまでに手間がかかる、口別嬪（くちべっぴん）タイプ

・だらり急型
　理解するまでに何度も聞き返したりして、外から見ていると頼りないが、仕事をすると結構速くこなし、結果も満足できるタイプ

・急急型
　理解も早く、仕事も立派になし遂げる、ビジネスパーソンの鑑（かがみ）タイプ

・だらりだらり型

　急急型の正反対。昔はこのタイプは三ズ主義者と呼ばれていた（休まず目立たず働かず）

　どのタイプのビジネスパーソンを目指すか，それはあなた自身のことですから，自分で考えてみてください。

　ところで，嘘つきは泥棒のはじまりといいます。ビジネスパーソンの中にも平気で，いえ，堂々と嘘をつく人もいます。「あの人，いつも嘘ばっかり……」と思うことがあるかもしれませんが，そういう人の中には，ちゃんと仕事をして人一倍の成績をあげている人もいます。「競争社会，平気で嘘をつけるくらいでなくっちゃ生き残れないよ。嘘も方便さ」と本人はいい，周囲も、「多少の脱線はバイタリティのある証拠。けっこう，けっこう」なんて大目に見ています。

　「じゃ，私も大いに嘘をつこう」，ちょっと待ってください。新入社員のあなたがこのタイプをすぐ真似ようとしても，なかなかできるものではありません。よい仕事をしてきたという実績と自信，いろいろな経験をした上でないと信用を失うのが関の山です。もっとも，バイタリティをもつことは大切なことですから，その点はどんどん見習ってください。

＜自由の世界求めて＞

　競争社会といいましたが，日本の多くの組織では競争よりむしろ協同を目指しています。一般に集団の達成目標は，それが集団を形成する個人個人の競争によって達成されるか，協同を促すかによって「競争目標」と「協同目標」に分けられます。産業心理学の研究結果によると，職場組織は職場として協同目

標を立て，その協同目標の中で個人目標を立てるほうが，競争目標を掲げるよりも確実に目標を達成できるとされています。つまり，組織のメンバーが目標に向かって競走するわけです。このことは，クラブ活動や同好会など，私たちが参加するさまざまな組織について考えてみてもわかるでしょう。人は自ら参加したことに関しては熱心になるものです。

　協同でいくとなると，メンバーのキャラクターやパーソナリティなどについてよく知っていなければうまくいきません。「ジョハリの窓」というのがあります。人間の内面を４領域に分け，自己理解について枠組みを与えるものです。

　このジョハリの窓によると，自己認知を高めるのは，自分も他人も明の世界，つまり自分も他人も知っている自分（自由の世界）の領域を拡大していくことだといっています。自由の世界が大きい者ほど，成熟者だというわけです。昔から「人を知

ジョハリの窓

自 由 の 世 界	気づかない世界
自分も他人も よく知っている自分 ○自　分 ○他　人	他人は知っているが 自分は知らない自分 ×自　分 ○他　人
秘 密 の 世 界	未 知 の 世 界
自分は知っているが 他人は知らない自分 ○自　分 ×他　人	自分も他人も 知らない自分 ×自　分 ×他　人

る者は知なり，自ら知る者は明なり」といいます。また，「人の知恵はその人の顔に光をあらわす」ともいいます。自己認知はリーダーシップの基本であり，集団形成の根源をなすものです。

　＜キーワードはＣＳＲ＞
　ＣＳＲはコーポレート・ソーシャル・リスポンシビリティのことです。企業の社会的貢献であり，地域に対する企業が果たすべき使命のことです。
　ビジネスマナーにも「ＣＳＲ」が必要です。ビジネスマナーのＣＳＲとは「クリーン」「セーフティ」「リーズナブル」です。クリーンは清潔保持のことです。セーフティは安全の確保ですが，安心，安全，安楽，安堵，安逸を具体的に実践することです。リーズナブルは理にかなっていて納得できるさま，あるいは妥当なさまのことです。リーズナブルに求められるものは，親切，丁寧，的確，敏速です。親切は深切つまり情に厚いこと，親しくねんごろなことです。思いやりがあり，配慮が行き届いている行動が求められます。丁寧は，注意深く心が行き届いていることです。
　ビジネスマナーのＣＳＲは，企業の社会的貢献であるＣＳＲのおおもとなのです。

マネジメント・マインド

＜あなたの使命＞

あなたが入社した会社は、あなたが選んで入った会社です。入社した以上、「わが社は世界的レベルを目指す会社なんだ」くらいの誇りをもちましょう。そして、時代に先んじて常に「一流のサービス」「一流の技術」「一流の製品」を開発・製造・提供することによって顧客を拡大し、社会の信頼にこたえようという心意気をもってください。

あなたの会社の商品しか使わない、というお客様がはじめからいるわけではありません。常に時代の流れをつかみ、よりよい商品を提供することによって世間の信頼が得られ、ひいきにしてくださるお客様が出てくるのです。「顧客はあるものではなく、常にわれわれによって創造されるものである」ことをはっきり心に刻み、たゆまぬ努力を重ねて顧客の信頼にこたえることが、ビジネスパーソンの使命です。

「企業は人なり」といいます。会社の財産は人、つまり、あ

なたは会社の財産なのです。会社の仕事を通じて社会に貢献し，自分の人生を納得できるものにしていってください。

　会社には経営の方向を示す経営指針がありますが，あなたも，自分の生きる方向を明確にするために，経営指針ならぬ行動指針をもったらいかがでしょう。あなた自身こうありたいというものをつくりましょう（行動指針ですから，つくった以上はその指針に近づくように行動しなければ意味がありません）。

　＜どうせなるなら一流のボスに＞
　人から認められる仕事をすれば，それを正当に評価されたいと思うのは当然のことです。ただ，組織の中にあっては正々堂々と競走をしなければいけません。上司にへつらい，ゴマをすって出世しても，長続きしません。実力もないのに高い地位につき，高給をとったら，周囲から反感を買って，挙句に失脚させられても仕方ありません。実績と実力があり，何よりも人間性豊かな者であれば，出世が早くても，仲間は十分納得してくれますから，安心です。無理な出世は失敗を招きます。

　どうぞ，堂々と競走の渦に飛び込んでください。出世を望むなら，小さな出世などを目標にせず，社長になって，社会に会社の存在を問う気概を心にもってください。出世のために追従をする者が多いのですが，そんな小欲でなく，どうせ欲をもつなら大きくもってください。立身出世の激流にもまれ，利害や打算の人生のまっただ中に自ら飛び込んで，その苦しみに耐え，一流のボスになることです。単に私利私欲にとらわれてはいけません。大きく，そして堅実な理想をもち，それを実現するための「出世」であることを忘れてはいけません。

どんなに体裁のいいことをいっても，ビジネスでは，まず同業他社に勝たない限り，負け犬の遠吠えです。勝負に勝つということは，味方に勝つ，とりわけ自分に勝つことです。勝つためには「われに続くほどの者はない」というくらい，心身を鍛えておくことが必要です。精神力だけで仕事ができるものではありませんが，気を以って体に勝つことが大事なのです。納得できるビジネスというのは，自らが自らの生き抜く力を信じ，切り拓いていくところから生まれます。努力を放棄する者は永遠の敗北者だといわれても仕方ありません。

＜ビジネスパーソンの納得＞

ここで，マネジメントについて考えてみましょう。納得できる経営は何かということです。経営に関する納得には3つの納得があります。1つは顧客の納得，もう1つが従業員の納得，さらに企業の納得です。マネジメント・マインドをもつということは，この3つの納得の追求だといえます。

顧客ニーズが多様化している現在，顧客の納得についてパターン化することはなかなかむずかしいのですが，飲食店を例にとって考えてみるとよくわかると思います。

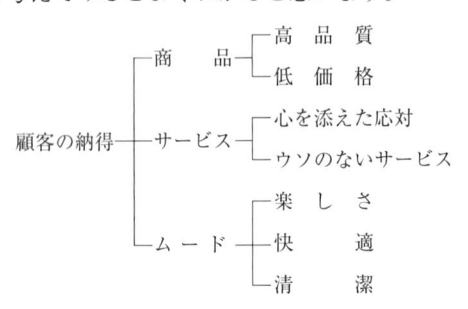

```
                    ┌─ 高 品 質
            ┌─ 商  品 ─┤
            │        └─ 低 価 格
            │
            │        ┌─ 心を添えた応対
 顧客の納得 ─┼─ サービス ─┤
            │        └─ ウソのないサービス
            │
            │        ┌─ 楽 し さ
            └─ ムード ─┼─ 快   適
                     └─ 清   潔
```

つぎに従業員の納得ですが，従業員にもいろいろなタイプがあります。ビジネスパーソンとして見ると，一応，つぎのとおりパターン化できるでしょう。

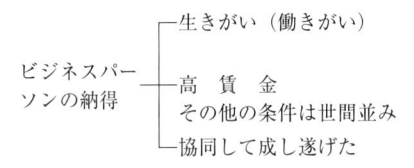

ビジネスパーソンの納得
- 生きがい（働きがい）
- 高　賃　金
- その他の条件は世間並み
- 協同して成し遂げた

企業の納得にはつぎのものがあげられます。

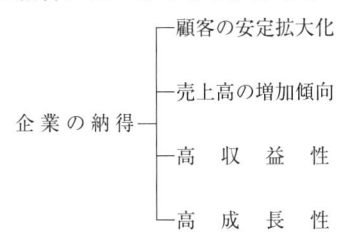

企　業　の　納　得
- 顧客の安定拡大化
- 売上高の増加傾向
- 高　収　益　性
- 高　成　長　性

　ここでよく理解してほしいことがあります。ビジネスパーソンの納得について考えてみると，ビジネスパーソンだけが納得することは現実にはなく，顧客，企業の納得があって，ビジネスパーソンのよろこびが生じるわけです。

　ですから，ビジネスパーソンだけの納得では本当の納得ではなく，顧客・企業・ビジネスパーソンが三位一体となった，バランスのある納得が必要となります。そのために，ビジネスパーソンには働くという意識だけではなく，マネジメント・マインド，つまり，経営者的感覚が求められます。

　＜If I were youの実践＞
　ビジネス・マナーはマネジメント・マインドの基盤であり，

ビジネスに求められるマナーです。マナーとは，私が「あなた」だったらという見方に立った実践です。相手の立場に立って考え，そして感じ，丁寧に応対することです。「After you」（お先にどうぞ）の姿勢でもあります。たとえば，お客様に対するマナーでは，「もし，私がお客様だったら」という視点なくしてお客様に満足いただけるおもてなしはできません。お客様は何を求め，何に満足し，どのようなことに愛着をおぼえるかを考える姿勢が求められます。

お客様満足度を向上させるためには，現場責任第一主義を徹底しなければなりません。現場責任第一主義とは，ビジネスの成功の鍵は，フロントライン（第一線）が業務を達成することであるという組織としての哲学です。これを実現するためには，フロントラインがお客様の問題解決にあたる責任を自覚することが大切です。私がお客様だったら（If I were you）という視点に立って，お客様に満足いただけるように，お客様志向の行動ができる状態をつくりだす源泉がマナーです。

＜お客様に対するマナーの質を高める＞

お客様の表情や発言を注意深く受けとめて，お客様は何を望んでいるのか，どのようなことに興味があるのかを把握し，不適合な状態を発生させることなく，お客様の満足度を高めるためにはスキルが必要です。スキルとは熟練した技術のことです。

お客様に対するマナーのうち，主要なものは次の３つです。

〔お客様に焦点を置く〕

礼儀，注意力，好感，誠意をもってお客様と接しなければ，お客様がそっぽを向いてしまいます。

○具体的なスキル
　・聴く（発言を中断しない）
　・自分のボディ・ランゲージに注意する（落ち着いた態度を示す）
　・視線に注意する（アイコンタクトする）
　・自分の顔の表情に注意する
　・明確に反応する（適切なタイミングで答える，相槌を打つ）
　・自分の音声に注意する（好感のもてる声で）
　・常にお客様を優先する
　・キューをみつける（肯定的なキューは，お客様のそのまま進めて良いという合図です）

〔お客様に効率良く対応する〕

　仕事の停滞は，お客様に不快感を与えることになります。効率が良いということは，スピードが速いだけではありません。礼儀，注意力，好感などを犠牲にすることなく，お客様の気持に沿った，お客様が望んでいるサービスの質と量を時間内に提供することです。お客様と心の架け橋が架かった状態でお客様の要求を満たすことが大切です。

○具体的なスキル
　・待たされた，待たされている，という印象をお客様に与えない
　・慎重に対処する必要があることには，時間をかける
　・雑談は最小限にする
　・計画性をもって事に当たる
　・提供したサービスの質と量を評価し，確認する

- その場限りにしないで，フォローをする
- お客様が期待するサービスが提供できないときは，代案を提供する
- 質問に対しては，誠実に答える

〔お客様の自尊心を傷つけない〕

　自尊心とは，ある人が自分自身をどのように評価しているかということです。サービスを提供する担当者に悪気がなかったとしても，ちょっとした言い方やしぐさで，お客様が傷ついてしまうことがあります。

○具体的なスキル
- 何か訴えているお客様を認知する
- お客様が会釈や挨拶を交わしてきたときは，快活にしかも気軽に応対する
- お客様の氏名を呼ぶ
- お客様に敬意をもって接する
- お客様を見下すような素振りや態度をしない
- 他のお客様の噂をしない

おもてなしの心

　サービス業のことを人間商売(We are in the People Business) あるいはホスピタリティ・インダストリーといいます。接客とは人間が人間に人間としておもてなしすることです。接客の本質とは,「専門職である前に1人の人間であれ」です。

＜ホスピタリティ＞
　ホスピタリティ・インダストリー（おもてなし産業）のおもてなしの心はホスピタリティにあります。ホスピタリティはキリスト教の教義とかかわりがあります。かつて，キリスト教の教会は奉仕のための2つの付属施設を有していました。旅人に安心で安全な宿る所，泊まる所を提供していました。これがホ

テルです。教会は地域の住民を診察し治療する診療行為を施していました。これがホスピタルつまり病院です。

おもてなしの心とは、バイブルを引用すると「旅人をねんごろにもてなしなさい」（ローマ人への手紙12章-13）の教えです。神に仕え、人に仕えることがおもてなしの原点です。おもてなしは、相手の立場に立ってサービスをする精神、態度および行動であり、1人ひとりを大切にすることです。

おもてなしの基本は、『ローマ人への手紙12章-13』のほか、次の3つの記述からも教義を得ることができます。マタイ（7：7-12）、マタイ（25：31-46）、ピリピ（2：6-9）です。

＜おもてなしの基盤＞

ホスピタリティはキリスト教の教義といいましたが、おもてなしはキリスト教の専売特許ではありません。禅宗にいう「喫茶去」と「挨拶」もおもてなしの概念です。喫茶去は、日常即仏法の境地を示す語と解されています。そもそもは「お茶でも飲んで来い」と相手を叱咤する語でしたが、のちに、「よくいらっしゃいました。まずはお茶などいかがですか」の気持をあらわす言葉になっています。

挨拶は、人に会ったり別れたりする時の儀礼的に取り交わす言葉や動作と思われていますが、元来、禅家では問答を交わして相手の悟りの深浅を試みることです。真摯な挨拶が求められるゆえんです。作り笑顔のおざなりな声かけなど、形だけの挨拶は無用です。いわんや、過度な挨拶は、「御挨拶」で相手を不快にするだけです。御挨拶とは、相手の挑発的な礼を失したような言動を皮肉っていう語です。

＜おもてなしはビジネス・マインド＞

　今やすべての産業が共有しなければならないビジネス・マインド（仕事の精神）は「おもてなし」です。おもてなしこそ人間商売の基盤を担うものです。「おもてなし」は，すべてのビジネスパーソンが共有しなければならない精神であり，お客様に対して安心，快適，そして安全を提供するための精神です。

　相手の立場に立って考え，そして感じ，丁寧に応対することがおもてなしです。共感（知）と思いやり（情）なくして質の高いおもてなしをすることはできません。共感的な思いやりは，考え方だけでは不十分です。おもいやり行動ができる能力を啓発する必要があります。

＜自省しましょう＞

　どのようなおもてなしをしていますか？　どのようなおもてなしをしてみたいですか？

　自分のことを振り返り，自省してください。自省とは自分の態度や行為を省みることです。お客様に対する応対，あるいは社内にあっては上司の尊敬できたところは何か，同僚とのつきあいで工夫したことはないか。こうしたことを自覚し，気づきを形成することです。

　気づきを，何が問題なのかを認識するきっかけにしてください。問題とは，本来あるべき姿と現状のギャップであって当然に解決すべきことです。

　問題には３つの種類があります。逸脱型問題，未達型問題および形成型問題です。逸脱型問題は遅刻や約束を守らないなどということです。未達型問題は達成できなかったことで，その

ため目標に対して努力する必要があります。クリアできないとしたら原因を探るためにチーム内でカンファレンスして互いに話しあうことです。形成型問題はつくっていくものであり、たとえば、いいサービスとは何かを考えることにより、現状のサービスを見直したり、新規サービスを追加したりします。考えるとは、what to do（how to）の視点で何をなすべきかを思考することです。意識づけ（動機づけ）や方向づけ（方針、信条、目標）なくして問題を解決することは容易ではありません。覚悟がいります。

自省のための視点も3つあります。1つは、「学び続けなければならない」。2つは、「技を磨き続けなければならない」。3つは、「奢ってはならない」。いつも自省しなければならないのです。自分はどれだけのものを身につけているだろうか、自分自身、仕事に取り組んでいこうという自覚がどれだけあるのか、そのために努力しているだろうか、自分の態度や行為を反省することが自省です。

＜行動に焦点を当てる＞

KSAOという言い方があります。Knowledge（知識）、Skill（技術）、Ability（才能、実力）、and Others（成果につながる行動上の特徴）の頭文字であり、能力項目です。1970年代のデビッド・マクレランド（David. C. McClelland）、1980年代のリチャード・ボイヤティス（Richard. E. Boyatzis）などの研究から固定化した概念であり、能力要件の定義です。

マクレランドは3つのステップを提示しています。①高い業績を上げている人物を抽出する。②その人物が高い業績を上げ

るにあたって,どのようなことを感じ,考え,行動したかを具体的に洗い出す。③明らかになった項目から,高い業績につながる要素を抽出し,数値化できる尺度を作り上げる。

ボイヤティスは専門能力を「職務上,効果的であり,優秀な成果を出すことに密接に関係する特徴」と定義しています。能力のうち価値づけるものは,ポテンシャル(潜在能力)ではなく,行動で示されている能力であるという見方であり,行動で示したものこそが価値があるという考え方です。

挑戦的で適切な目標を設定し,なすべきことをなし,結果を評価することが成果主義ですが,本来,成果主義制度も目標管理制度も仕事のプロセスをチェックすることなく機能するものではありません。おもてなし産業にあっては日々の仕事そのものの「できばえ」が成果そのものです。

＜おもてなしの基本＞
笑顔でお出迎え,笑顔で応対。笑顔なしにはおもてなしは考えられません。笑顔には方程式があります。

　笑顔＝思いやり×知的な職業意識×健康状態
　(Smile＝Kindness×Professional×Condition)

素敵な笑顔は身体全体を輝いて見せます。輝きがある笑顔にも方程式があります。

　輝きがある笑顔＝礼儀正しさ×知的な職業意識×敬意
　(Beam＝Courtesy×Professional×Respect)

　おもてなしを実践するためには,RespectとCourtesyが欠かせません。

Respectは,そもそも「振り返って(re)見る(spect)」で

すが,「人としての価値を認めること」が本義です。人が, 人を(…に対して)尊敬する, 敬うことです。人が, 物・事を尊重する, 重んずることでもあります。規則・道徳律などを守ることもいいます。

Courtesyは, 他人に対する礼儀正しさ, 敬意, 思いやりです。「コウビルド英英辞典」では次のように定義されています。

Courtesy is politeness, respect, and consideration for others.
「ロングマン現代英英辞典」には次のような記述もあります。

Polite behaviour and respect for others。

おもてなしの基本中の基本は, Modesty(お客様を傷つけてはならない)です。おもてなしの大原則として, 誇り(Pride), 自尊心(Self-Esteem), うぬぼれ(Conceit), 虚栄心(Vanity), 自負心(Ego)などお客様の有するものを決して傷つけてはならないと自覚してください。

＜笑顔を表現する＞
接客の作法は, お客様をおもてなしする起居や動作の正しい法式です。

〔例〕5つの基本
・笑顔で接する
・目配り, 気配り, 手配りを怠らない
・お客様の立場に立って行動する
・お客様の自尊心を傷つけない
・効率よく対応する

なんといってもおもてなしの基本は笑顔で接することではないでしょうか。

笑顔こそ最高のおもてなしです。

〔例〕笑顔（D.カーネギー）

「元手はいらない　しかも利益は莫大

　与えても減らず　与えられた者は豊かになる

　一瞬間見せれば　その記憶は永久に続くことがある

　どんな金持ちでも　これなくては暮らせない

　どんな貧乏人でも　これによって豊かになる

　家庭に幸福を　商売に善意をもたらす友情の合言葉

　疲れた者にとっては休養　失意の者にとっては光明

　悲しむ者にとっては太陽　悩める者にとっては自然の解毒剤となる

　買うことも強要することも盗むこともできない

　無償で与えて初めて値打ちが出る」

〔例〕5つの笑顔

・待機している時の笑顔……ウエイティング・スマイル
・出会いの笑顔……ウエルカム・スマイル「いらっしゃいませ」
・話を伺っている時の笑顔……キープ・スマイル「はい」
・承った時の笑顔……アグリー・スマイル「承知いたしました」
・お別れの笑顔……プリーズ・カム・アゲイン・スマイル「ありがとうございました」

それでは，笑顔になってみてください。…むずかしいですね。美しい笑顔を表現するために訓練をしてみませんか。

〔例〕

・大きめの鏡を用意しましょう

・鏡に顔を映してみましょう
・顔を見つめて顔の筋肉をあれこれ動かしてみましょう
・楽しいことをイメージしてみましょう
・柔らかい目元にしてみましょう
・口角を心もち耳に向かって持ち上げましょう
・口元から少し歯を覗かせてみましょう
・目じりと頬を少し力を入れて輝きをもたせましょう

　写真を撮るときに,「ハイ,チーズ」という声かけをすることがあります。ハイもチーズも真顔になることはできますが口角を上げた笑顔をつくることはできません。口角を上げるためには,「ski」や「key」が効果的です。ウイスキー,大好きぃ,など大きな声で口角を上げてみてください。

　いかがですか。鏡の中のあなたは美しい笑顔であなたを見つめていますか。

　笑顔は思いやりをあらわし感謝の心を伝えます。

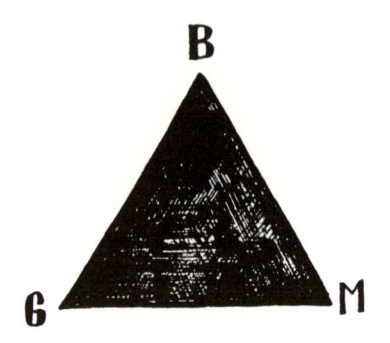

七転八起の心意気
（ななころびやおき）

＜3日，3月，3年＞

「石の上にも三年」ということわざがあります。では，3日，3月，3年というのは聞いたことがありますか？　仕事がいやになる時期です。就職前の期待が大きいほど，入社後がっかりすることが多いものです。がっかりして，「もう仕事もしたくない」こんな気持になることがあります。

仕事がいやになる原因をあげてみると……，
○人間関係（これが最も大きな要因です）
　・上司，先輩，同僚とそりが合わない。しゃくにさわる。不愉快だ
○職業，職種
　・格好悪い。つらい。つまらない
○自分の能力と仕事がつり合わない
　・やさしすぎる。むずかしすぎる
○職場環境
　・汚い。危ない
○労働条件
　・自分の時間がとれない。給与が安い。他の人より低い扱いを受けている（認められていない）

仕事がいやになった時、先輩たちはどうしたでしょう。退職して転職した人もいます。我慢をしていたら、そのうちおもしろくなったという人もいます。仕事以外のものに生きがいを求めた人もいます。「なぜつまらなくなったのだろう」と、自分と自分を取り巻く環境を分析して、原因を追求し、その要因にうち勝った人もいます。

あなたならどうしますか。

＜失敗のお馴染みさんはイヤ＞

人間はだれでも経験を積んで賢くなります。その道の権威といわれる人だって最初から権威だったわけではありません。1つのことを自分のものとして習得するためには、自ら創意工夫することが必要です。失敗はつきものです。決してあきらめないでください。

仕事で失敗したら——ひとまず、そのことを頭から切り離してみましょう。それから、原則はどうだったのかを考えてみてください。失敗はちょっとしたことから起こるのですから、「ちょっとしたこと」を見直し、同じことをしなければいいのです。

料亭では、はじめてのお客さんを「一見（いちげん）」さんといいます。客が、こりゃいい、また行ってみようと再び訪ねることを「裏を返す」といい、まあ、これで、表裏一体となったわけです。そして、3回目ではじめて「お馴染（なじみ）さん」になります。

同じ失敗を二度繰り返すなといいますが、いろいろ工夫して、また失敗してしまったとしたら、やむをえないでしょう。二度の失敗で表裏一体となったのですから、今度こそものごとが見えてくるかもしれません。そうなったら、失敗もあなたの

財産です。要は，仕事で同じ失敗を三度以上しないことです。三度同じことを失敗すると，失敗の「お馴染みさん」になりますから，お互い気をつけましょう。

＜成果を出したい＞

成果を出したい，認められたい，再び同じ過ちをしたくない，感謝されたい，評価されたい。これらは人間が仕事をしていて実感する感情であり，熱い想いであり，欲求なのです。このうちより高次な欲求は，成果を出したい，認められたい，の２つの成長欲求ではないでしょうか。それらの欲求を満たすためのヒントやきっかけをあげてみました。
  ・仕事の達成度合を確認し，明確化する
  ・達成目標に到達するためには必要な行動がある
  ・何らかのトラブルがあり，そのとおりの行動ができない場合は，上司の支援を受ける
  ・経験がない仕事の場合には，必要な知識や技術を確認する
  ・問題の解決は，どのように，いつまでに，何をするのかを明確にする

＜成長欲求を大切にする＞

成果を出したい，認められたいという成長欲求を満たすために，まずは挑戦目標を設定することからはじめてください。
  ○何のために挑戦しようとするのかを明確にする
    成果が上がらないからか，専門技術を習得して新しい技法を習得したいからかを明らかにします。
  ○具体的で挑戦的な目標になっているかを確認する

どのように，いつまでに，成果を出すのかが課題です。自己の挑戦目標をより現実的に感じさせ，しかも実現可能性を高めさせることになります。

○里程標をつくる

里程標は道端などに立てる標識で，たとえば「ここから江戸に七里」などと里程を記したものです。英語では，マイル・ストーンといいます。挑戦目標には，いくつかの里程標を組み込む必要があります。週間，月間，季間，半期というように時間を区切って，どこまでできたのかを明確にし，成果の度合いを診断します。

＜心をかけてください＞

つまらない仕事は気分が滅入ります。自分が望んでいない部署や地位につけられると，意気消沈してしまうのが人間です。ですから，古今東西，人は「失意の時こそ，くさらず励め」と勇気づけるのです。

「逆境にある人を労え(ねぎら)」ともいいます。できそうでできないのがこの労いです。逆境の人と同じグループだと思われはしないか，そんな人とつきあうと自分のツキも落ちる……。だれしも太陽の下を歩きたい気持は同じです。人が逆境にいる時に心を配ること，心配してあげることが真のつきあいなのです。逆境の時の恩は生涯忘れないものです。もっとも，恩を売るためにつきあうのではありません。逆境にいる人が，本当は心豊かな人であって，その人の生き方に共鳴できる人なら，あなたからすすんで心をかけてください。

4 仕事の進め方

||||||||| 納得いく仕事をするために |||||||||

だれもが新人だった

＜自分もこうありたい＞

　時宗の開祖・一遍上人は「花のことは花へ問へ，紫雲のことは紫雲に問へ」といっています。新人は先輩を真似ることから仕事が始まります。一流になるには，一流の人を真似ることです。

　だれしも最初は「一」から始まります。先輩たちも周囲の人から教わったり，見たり聞いたりして，それを十にも百にもしていったのです。だから，どんな先輩にも一日の長があります。見習いたい点，いいところをどんどん真似ていくのが新人です。

　ちょっとだけ知っていることがあるからといって天狗になっていると，だれも何も教えてくれなくなります。社会とはそう

いうところです。かといって,「早く一人前にならなくちゃ」と焦ることはありません。100点を求めて0点になってしまうより,確実に50点取ることです。

　独一,一声,一味,一体,一物,一如,一念,一心,一時,一度,一切……「一」に込められた意味をよく理解してください。一刻一瞬を大切に生きることが大事です。

　名人も人なり,我も人なり。

　どんなことも一歩から始まるのです。自分は到底及ばない,とあきらめるのは意気地なしのすることです。人生は一生修行,あなたは今,長い長いビジネスパーソンの道程(みちのり)の入口に立ったところです。

　「名人も自分も,同じ人間だ」と自分にいい聞かせましょう。自分にいい聞かせることができたら,あなたは道を歩み始めたも同然です。

　孔子について,こういう話があります――。

　「孔子は偉大であるが,それは学問を積んだから偉いのではない。15歳という年少で学問の道に志を立てたから偉大なのだ」

　上手な手本を似せて精を出して習えば,悪筆もだいたいの手跡になるといいます。

　あなたには,先輩や同僚,場合によっては後輩,さらにはお客様,と手本がたくさんあります。「自分もこうありたい」ところを手本とし,似るように努めていけばいいのです。「手本になるような人なんていやしない」,そういわず,よく見てください。1つも長所がない人こそ,いやしません。人を見,人から学ぶうちに,自分ができてきます。

＜仕事の基本を習得する＞

仕事には基本となる姿勢があります。

○仕事はＡＢＣ

　　当たり前のことを，ぼやぼやしないで，ちゃんとやれということです。日常の仕事を手順どおり行なうことが大切です。

○三「た」をするな

　　忘れた，遅れた，間違えた，の３つの「た」です。こうしたことを続けると信用をなくします。

○基本は「あいうえお」

・あ……挨拶がまともにできない者には良い仕事はできません

・い……意欲がない者は成功しません

・う……売上に貢献し，食い扶持（給与分）は自分で稼ぐことが必要です

・え……笑顔が大事，それも心からの笑顔です。笑(しょう)は商売の商にも通じます。また，「え」は影響力を行使しなさいということでもあります

・お……基本をもとに応用力をつけなければならないということです

○「かきくけこ」の仕事をする

　　観察する，記録を取る，工夫する，検証する，行動する，それぞれの頭文字です。観察は，ものごとの真の姿をまちがいなく理解をしようとよく見ることです。記録は，のちのちに伝える必要から事実を書き記すことです。工夫は，いろいろ考えて良い方法を得ようとすることです。検証は，

実際に調べて証明することです。行動は，ある事を行なうことです。こうした事柄は仕事の基本です。

○「さしすせそ」の能力を磨く

　査定する，診断する，推量する，設定する，測定する，それぞれの頭文字です。査定は，取り調べて決定することです。診断は，ものごとの欠陥の有無を調べて判断することです。推量は，おしはかることです。設定は，つくり定めることです。測定は，はかり定めることです。いずれも仕事を数値化し定量化するために必要です。

○ホウレンソウは根まで食べろ

　ホウレンソウは，報告，連絡，相談のことです。報告は，ある任務を与えられた者が，その遂行の状況や結果について述べることです。連絡は，相手に通報し，相互に意思を通じあうことです。相談は，互いに意見を出しあい話しあうことです。ホウレンソウは，組織を強くするために，「根まで食べろ」です。

・ね……ネゴシエーションのために欠かせません
・ま……間合いを外すことなく行なってください
・で……出たとこ勝負ではなく，データを事前に準備してください
・た……対応，対処の大本が報告，連絡，相談です
・べ……勉強や学習の資料と教材になります（報告，連絡，相談の内容は生きた教材です）
・ろ……論理的に対応してください

新人の心意気は「発気用意」

　大相撲の世界で、取り組みの一番一番を盛り上げているのが、行司の掛け声です。「ハッケヨイ、ハッケヨイ」、このハッケヨイの掛け声はそもそも「ハッ競えよ」だったといわれています。「ハッ競えよ」と勢いづけているうちに、勝占いの「八掛よい」となったそうです。今度、テレビで相撲を見る時、よく聞いてみてください。

　行司の掛け声をじっと聞いていると、「八掛よい」と聞こえなくもありませんが、考えてみると、真剣勝負の大一番を取り仕切る行司が、八掛見よろしく勝占いというのでは、どうもいただけません。

　力士にとって、関取りになれるかどうかは大きな問題です。力士生命のすべてを賭けて、関取りになるため、戦いの炎を燃やします。関取りとは十両以上をいうのですが、十両になるだけでも大変、まして幕内となれば、それこそ実力者だけに許された世界です。実力次第では大関、横綱だって決して夢ではな

いのですが，現実は，十両どころか幕下までがようやくの力士がほとんどです。たとえ番付は下でも，相撲が好きで，自分の力を精一杯出している力士たちが相撲界を支えていることも忘れてはいけません。

さて，新弟子たちが出世相撲の晴れの土俵で，頬を真っ赤にして勝負に臨みます。口を真一文字にキッと結び，「見合って」の行司の声に凛乎と相手の目を睨み，ジッと見合います。どちらも「気」がじわりじわりと満ちてきて，やがて，身体いっぱいに広がります。気力充実して，いよいよ立ち合い。闘志と闘志，力と力のぶつかり合いです。「ハッ競えよ」。

歓喜溢れ，力強く第一歩を踏み出す，新しく巣立つ者よ。人生は勝ち負けがすべてではありません。納得し，後悔しない日々を送る生きざまこそが大切です。

「発気用意」といきましょう。

企画力，計画性が大切

＜マネジメントサイクル＞
――仕事はPDS――

仕事は，計画（Plan），実施（Do），評価（See）でやれといわれます。このPlan－Do－Seeのサイクル（PDS）を一般的

に，マネジメントサイクルと呼びます。経営学から見ると，マネジメントサイクルにはPDSのほか，いろいろなサイクルがあります。

　・Planning – Organizing – Controlling（POCサイクル）
　・Directing – Organizing – Controlling（DOCサイクル）
　・Directing – Motivating – Staffing – Coordinating（DMSCサイクル）

これらは，PDSを原理として，管理の仕方をそれぞれの実情に合わせ，変形させたものです。

　○P（計画）が第一歩
　　・内容を十分把握する
　　・手順を検討する
　　・プライオリティ（優先順位）を決める
　　・スケジュール表を作成する
　○D（実行）は計画に従って
　　・手順どおりに行なう
　　・あれこれやり方を変えない
　　・プロジェクトチームの場合は，とくに，他のメンバーとの連携を考える
　　・進捗状況を自らチェックする
　　・ミスやトラブルは上司やリーダーに報告し指示を受ける
　○S（検討，点検）で成果を評価
　　・計画と実績を客観的に比較する
　　・計画どおりでなかったら，要因を徹底的に分析する
　　・他人の実績，従前の実績など，計画以外にも比較の対象となるものがあれば比較する

・つぎの仕事につなげる

＜命令と報告＞
――命令を正確に積極的に受ける――
　仕事は命令と報告が繰り返して行なわれていることをよく頭に入れておきましょう。学校のサークルやクラブで先輩から指示を受けた時のことを考えてみてください。同時に，後輩に指示を与えた時も思い出してみてください。
　○呼ばれたらすぐ「ハイ」と返事をして近くに行く
　○メモを取りながら命令を最後までよく聞く（早のみ込みはミスのもと）
　○不明な点，疑問な点について質問する
　○命令の内容をまとめ，要点を復唱する
　○意見，アイデアがあれば率直に述べる
　○命令が受けられない時
　　・仕事の内容・期限と自分の能力，他の仕事との関係などをはっきりと述べ，上司の判断を待つ
　○引き受けた以上は責任をもってやり遂げる
　○結果は必ず報告する
　直属の上司以外からも命令を受けることがあります。指揮命令系統を超えた命令の場合は，直属上司に話し，判断してもらいましょう。
　命令を受ける時のポイントは，「迅速」「正確」「意志表明」「復唱」です。
　――命令あるところに報告あり――
　○命令者に報告

○実行の途中で問題や障害が生じたら，ただちに報告し，指示を受ける
○完了までに時間がかかるものは中間報告をする
　・仕事の進捗状況，現状・経過
　・当面している問題点
　・今後の見通し，予定
○報告は簡潔に要領よく
　・結論
　・理由
　・経過
　・関連事項
　・必要があれば，自分の所見
報告をする時のポイントは，「迅速」「簡潔」「正確」です。

日々の生活にも先見性をもって

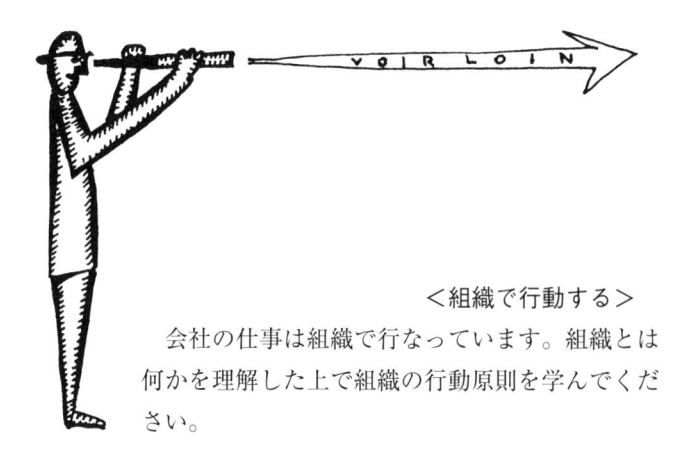

＜組織で行動する＞
　会社の仕事は組織で行なっています。組織とは何かを理解した上で組織の行動原則を学んでください。

○組織の４つの要件

　組織を構成するためには少なくとも４つの要件が必要です。
　・共通の目標があること
　・２人以上の人がいること
　・それぞれの人が役割を分担していること
　・一定の規則に従っていること（人為的規則，自然発生的規則）

○組織が活動的な状態

　組織がアクティブ（活動的）であり続けるためには４つの状態にあることが求められます。
　・共通の活動目標を達成する方向に向かって常にメンバー全員の総力が結集されている状態にある
　・組織全体が活力に溢れ，いきいきとして，自由な行動力に満ちている雰囲気がある
　・意思疎通が円滑に行なわれ，常に情報の共有がはかられている
　・メンバー全員が協働の意欲に燃え，しかも責任感と達成意欲に満ちている

○職場の構成要素

　共通の目標を達成するために分担された役割を単位ごとにまとめ，具体的な活動を効率的に展開していく場が職場です。構成要素には，人，物，技術，情報，予算，設備，目標，方法，時間などがあります。

○職務は行動単位

　職場は，目標達成のための行動単位です。職場には，責

任，権限および義務があります。職場は人が構成していますから，職場を構成する人それぞれに責任，権限および義務が発生します。責任，権限および義務は，それぞれ次のようなことです。
・責任とは，なさなければならない事柄である
・権限とは，それをなすために必要な力である
・義務とは，与えられた権限を完全に行使して責任を果たすことである
○仕事と職務の関係
　仕事とは，しなくてはならない事です。職務とは，仕事として担当する任務です。仕事と職務の関係は次のようになります。
・人が対象に対して何らかの働きかけをして，「何か」を創り出していくのが仕事である（こうした仕事をjobという）
・jobが経営組織の中で，各人に課せられた職能と結びついたものが，職務である

<組織活動の原則>
組織活動には，一般に５つの原則があります。
○責任自覚の原則
　責任は，人が引き受けてなすべき任務です。組織を構成するすべての人に責任があります。
○命令系統統一の原則
　命令は，上位の者が下位の者に言いつけることです。系統は，順を追って並び，または続いて統一のあることです。

統一は，多くのことを一つにまとめあげることです。部長の言いつけと課長の言いつけが違っているようでは部下としてどう行動すればいいか困ってしまいます。言いつけは統一されたものでなければなりませんが，もし違った言いつけを受けた場合は，直属上司に伺いを立ててください。
○積極性の原則

積極とはものごとを進んでしようとするさまです。消極性とは，犯した過ちを正当化するために，内部に向けられた力，積極性とは，他の人々の立場に立った考え方であり，外に向けられた力です。
○補佐の原則（上司への働きかけ）

人に付いてその仕事を助けることを補佐といいます。先輩や上司の仕事のうち自分ができる程度のことは，自ら進んで手伝ってください。
○チームワーク力発揮の原則

チームの共同動作のことをチームワークといいます。チームには，一団となって人々が連帯し仕事をすることが求められます。

＜組織運営について＞

組織は仕事を分業することによって運営されています。
○企業の経営目的の達成に直接貢献するもの（第1次職能）
・「生産」「営業」「財務」および「研究開発」がこれにあたり，これらの部門をライン組織という
○効果的に遂行されるよう，補助促進するための間接的貢献をするもの

- 個人的スタッフ,専門スタッフ(部門),ゼネラルスタッフ
- 専門スタッフを置く場合,多くの企業では"ライン・アンド・スタッフ"方式を取り入れ,ライン組織との協同関係をルール化している

 また,部長,課長,係長に代表されるように,階層別にも分化しています。

 こうして,組織や階層に一定の権限と責任が与えられていて,監督する範囲が決められています。権限や責任,監督の範囲は,「業務分掌規程」あるいは「権限規程」など,その会社特有の規程に書いてあります。自分が担当している仕事は,会社全体としてみて,どこで役立っているのかをよく理解しましょう。さらに,自分の仕事にかかわる人たちの担当業務もある程度知っておいたほうがいいでしょう。仕事の流れがわからないとミスを犯したり,仕事がつまらなくなったりします。自分が原因のトラブルやミスを他人のせいにして,涼しい顔をしていられる人は,全体の流れが見えてない人だと思ってまちがいないでしょう。

発想の転換で仕事が変わる

 毎日毎日,仕事に追われているあなた,仕事の基本を考えて,手順,優先順位,スケジュールを組んでいますか? 一歩先を見ながら仕事をしていけば,自分で仕事のイニシアチブがとれます。

 発想の転換をするには,仕事から一歩離れて考えてみることが大切です。外部環境の変化に目を向け,時代感覚も身につけ

ながら，客観的に自分の仕事を見てみると，おのずと問題点が発見できるでしょう。

　問題解決の技法に関して多くの本が出版されていますから，1冊買って参考にするのもいいでしょう。

　問題解決のプロセスを要約すれば，だいたい，つぎのようになります。

・原因を分析すること……情報，資料を集めて分析する
・発想を豊かにすること……いくつかのアイデアを出して解決案をつくる。案は複数あったほうが比較もでき，よりよい解決策を見つけられる
・実行する時は上司の指示を受けて行なうこと
・結果を分析すること

　問題解決は，何のために解決するのかを明確にし，関係者の知恵を寄り集めながら行ないましょう。過去の経験にとらわれないことが大事です。まずは，問題点の発見からです。5W3H1Rというのがありますから，参考にしてください。

　・Why, What, Who, When, Where
　・How to, How much, How many
　・Result

5 エチケット

|||||||||| やさしさの発露 ||||||||||

仕付 (躾)
しつけ

仕付。「①作りつけること。②礼儀作法を身につけさせること。また，身についた礼儀作法。③嫁入り。奉公。④縫い目を正しく整えるために仮にざっと縫いつけておくこと。⑤田植(稲の苗を縦横を正しく曲がらないように植え付けることから)」

ビジネスマナーを身につけることは，②にあたり，「躾」とも書きます。字が示すとおり，身のこなしを美しくすることです。④の仮縫いのことも躾と書きます。いわば，ビジネスマナーの躾は「よりよい仕事をするための心の仮縫い」だと思ってください。仮縫いがいい加減だと，上等な服になりません。

躾とは「生きる知恵」です。理屈ではありません。日常の生活の中で何度も繰り返しながら身体で覚えましょう。いつでも，どこでも同じようにできなければ身についたとはいえません。

立居振舞

立居（起居）振舞は，日常の何気ない動作，身のこなしをいいます。別の意味でいえば「挙動」「挙止」のことです。

挙動がおかしい人は，挙動不審でおまわりさんに職務質問されてしまいます。立居振舞には，その人の心の動きがあらわれます。いつも冷静さを失わず，落ち着きをもつよう心がけたいものです。その奥に，親しみやすさや和やかさがにじみ出ていれば満点です。

「人の振り見て我が振り直せ」の言葉を実行してみましょう。教材はまわりにいくらでもあります。

○立つ……力(りき)まず，ごく自然にすくっと

　・背すじはピンと伸ばす
　・両手は指をそろえて側線に置く。手は前で重ねてもいい。後ろ手に組むと偉ぶっているように見られる。一番よくないのは，ポケットに手を入れること（本人は格好つけているつもりでも，他人には不愉快）
　・身体を安定させるためには，足をやや開き加減にする。

スピーチをする場合などは最大，肩幅まで開いていい。スマートに見えるのは，握り拳1つ分くらい開けた時

○歩く……何人かで道を歩く時，横に広がって歩くのはよくない。歩く速度も遅くなり，何より傍(はた)迷惑

・背すじを伸ばし，視線は4〜5メートル先に置く。腰で歩くつもりで

・膝はあまり曲げない。膝から下を動かすのではなく脚全体を運ぶ感じ

・上半身はなるべく動かさない。歩くたびに頭が上下するのでおかしい

○椅子に座る……足を組み，そっくり返っているとかえって自信がなく見える。足組み，腕組みで相手と接すると，うまくいく話もダメになる。足を大きく広げるのも無格好

・上半身は相手に向かってやや乗り出すように。椅子の背当てと背中の間は握り拳1つ分くらい開ける

・足は投げ出さず，足の裏を床にピッタリつける

・手は腿の上に置くか，前で組むが，指先を遊ばせないこと

○和室での立居振舞……最近は畳の部屋がない家もふえているが，日本人なのだから，畳の生活にも慣れておこう

・正座は静座。姿勢正しく，心を落ち着け，静かに座ること。畳のへりの上には座らない（擦れてへりが傷む）

・敷居や畳のへりは踏まない（木造建築では敷居を踏むと根太がゆるんでくる）

・畳の上に置かれた膳や食物，本をまたがない

身だしなみ

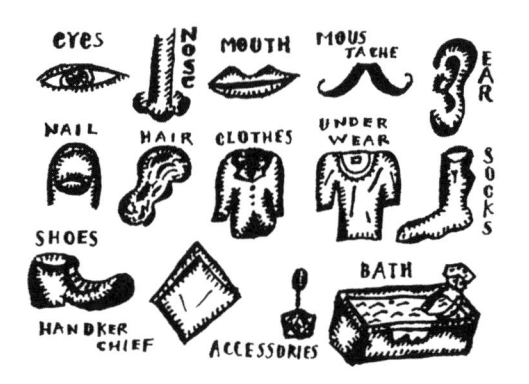

　服装，態度など，身のまわりについての日ごろの心がけです。服装や態度で人に不快感を与えないようにするには，身のまわりの品物にいとおしみをもつことです。そして，服装などを整えたあとは，呼吸を整える余裕をもちましょう。

　身だしなみにもＴＰＯがあります。振袖姿でテニスはできないように，パーティーに出るような服で仕事はできません。仕事には仕事をするような服装があり，スポーツにはスポーツウェアがあります。ＴＰＯを考えないと，いくら着飾っても滑稽なだけです。めかし込むことより，まずは清潔をモットーにするべきです。汚れた身なりをしていると，心まで貧しくなってきます。

　身だしなみは無言の紹介状です。
・目……落ち着いたまなざしか
・鼻……鼻毛，洟（はな），鼻くそは出ていないか

- 口……口臭はないか，歯に食物のカスがついていないか
- 髪……伸びて見苦しくないか，フケは出ていないか，清潔か
- 耳……耳アカが耳の穴をふさいでいないか
- 爪……伸びすぎていないか
- ヒゲ……剃り残しはないか
- 服……汚れ，シワはないか（男性はネクタイの汚れにも注意）。ボタンが取れていたり，ほころびたりしていないか
- 靴下……毎日取り替えること
- 下着……見えないところこそキレイに
- ハンカチ……汗ふき用とトイレ用の2枚は最低持ちたい
- 靴……かかとがすり減っていないか，磨いてあるか
- アクセサリー……会社では不要。プライベートタイムにつけるものはバッグの中に
- 化粧……常識的な範囲でほどほどに
- 香り……いくらいい香りでも強すぎるのはよくない
- 風呂……汚れと同時に疲れもとるので，毎日入って清潔と健康を保つ。風呂の時にヒゲを剃るか，朝剃るかは自由だが，ファイブ・オクロック・シャドウという言葉もあるとおり，男のヒゲは朝剃っても夕方にはうっすらとかげりをもつ。かげりが女性から見て魅力的にうつる場合もあるが，疲れているように見えることもある。ヒゲの濃い人は朝剃ったほうがいい

そして――「姿は心」です。

エチケット・サイクル

社会人としてごく基本的なエチケットです。朝，家を出てから帰宅するまで，それぞれのシーンに分けてポイントをあげておきますから，心がけてください。

＜朝，家を出る時＞
・持ちもの（定期券，財布，ハンカチなど）のチェック
・髪型，服装はおかしくないか（全身が写る鏡で見る，あるいは家族に見てもらう）

＜通　勤＞
・一電車待って座っていくぐらいのゆとりをもつ
・中距離通勤者は，乗る場所にも注意する（ドアの近くに立つと，各駅ごとに人の出入りでエネルギーを消耗するし，ドア付近にいる男はほとんどチカンだと思っている女性もいる）

- 混んでいる時は，男性は両手の所在をはっきりさせておく
- 大きなカバンやバックパックは他の人の迷惑にならないように身体の前で持つようにする
- ボーッと外を見ていると，意外とストレス解消になる（ただし，地下鉄はよけい心が暗くなるおそれあり）
- 雨の日は，傘入れ用のビニールに傘を入れてから電車に乗る
- ニンニクや納豆のにおいを嫌う人は多い。におい消しの工夫をしてもにおう場合は，ハーハーと大きく呼吸をしない
- 乗客に比べ，吊り革の数は圧倒的に少ないのだから，1人で2つの吊り革を独占しない
- 混んだ電車で足を組んだり，投げ出したりすると，前に立った人が迷惑する。女性は膝が開くことがないように。だらしなく見えるし，膝を開いているとその奥まで見えてしまうこともある（こんな場合，悪いのは前に座っているオジサンではなく，女性のあなた）

電車やバス車中での飲食や化粧は考えもの。ヘッドホンからもれる音も結構響くので気をつけたい。朝を気持よくすべり出すために，お互い公共の場でのマナーを守りましょう。

＜出　社＞
- 始業10分前に会社に着くよう心がける。やむをえず欠勤する時や遅れる時は早めに連絡をする（遅刻が重なると信用がなくなるので注意）
- 明るい朝の挨拶は，その日1日のすべり出しをよくする
- 席に着いたら，机の上や周囲を片づけ，気持よく仕事にと

りかかる
・スケジュールを確認。必要な資料，用具を用意する

＜勤務中＞
・勤務中の姿勢は椅子を引いてキチンと（他人から見えないからといって，机の下で靴を脱がないように）
・机にひじや頬杖をついての仕事は心がたるんでいる証拠。もちろん，居眠りやオヤツ，読書は厳禁
・上司や先輩に呼ばれたらすぐに「ハイ」と返事をして相手のところに行く。相手が立っている時は，自分だけ座っていない
・会話は簡潔に。相手が話し中の時は「お話し中申しわけありませんが」と断わる配慮が大切。電卓やパソコンを使っている場合には，一区切りついてから話しかける
・大声での会話や大笑いは禁物
・席を離れる時は，行先，用件，もどる時間を同僚に知らせ，予定表に書き込む

＜ちょっと一服＞
　労働時間が6時間を超え8時間未満ならば，休憩時間は少なくとも45分，8時間を超える場合は少なくとも1時間と法律で定められています（労働基準法第34条）。
　一般に，休憩は，昼食時にまとめてとることが多いようです。そうはいっても，私たちの集中力には限界がありますから，昼休み以外の時間のはじめから終わりまでを一心不乱に執務することはできません。能率も落ちてきますし，トイレに

だって行きたくなります。

　そこで，仕事に疲れたら，気分転換に「ちょっと一服」。何もタバコを吸うばかりが一服ではありません。お茶をいれて飲んだり，窓を開けて外の空気を吸ったり。トイレに行ったついでにのびをするのもいいでしょう。せいぜい数分の小休止ですが，なかなか効果があります。さて，気分一新。速やかに仕事にもどりましょう。

　＜会議では＞
　会議には3つのタイプがあります。伝達会議，ブレーン・ストーミング，それに決定の会議です。朝礼もまた一種の会議といえるでしょう。
　・「われ関せず」ではなく参加意識をもつ
　・会議はとかくダラダラと長引くもの。司会者を中心にして時間内に終わらせる努力を（準備が必要なものは，事前に資料を用意しておく）
　・発言する時は，要旨を先にいうとあとがスムーズに出てくるし，わかりやすい
　・発言者の話の腰を折らない（質問等は発言がすんでから）

　＜社内とはいっても……＞
　会社の中には社員ばかりでなく，お客様，業者など社外の人もたくさんいます。社内とはいっても，いろいろな人から見られ，聞かれているわけです。だれかが見ているからする，だれも見ていないからしない，というものではありませんが，言動にはくれぐれも注意してください。

・廊下や通路，エレベーターでお客様に会ったら軽く会釈する。トイレでは「失礼します」の一言を
・どこへ行っていいのか迷っているお客様がいたら，「失礼ですが，どちらへお越しですか」と尋ね，案内する（ロッカーなどをねらう空巣の場合もあるので，見知らぬ人がウロウロしていたら，必ず声をかけること）
・廊下，トイレで長話をしない。人の噂話や社外秘の話などもってのほか
・「壁に耳あり障子に目あり」，いつ，どこで，だれが聞いていないとも限らないので，廊下，エレベーター，トイレなどでビジネスの話はしない

よく，トイレに入るとその会社がわかるといいます。受付に行く前にトイレに寄る人もいるくらいです。建物は立派でキレイなのにトイレが汚れていたり，勤務時間内だというのに鏡の前で長々と化粧を直している社員がいたり，大声で馬鹿話をしている社員がいたりしたら，会社の信用もガタ落ちです。現に，それがもとで取引がうまくいかなくなったケースもあります。1人ひとりが気をつけましょう。

＜退社時＞
・仕事をしめくくり，翌日の予定を立てておく（頼まれた仕事は報告を忘れない）
・机の上を片づけ，ゴミなどの始末をする
・パソコンの電源を落とし，机上のスタンド電気を消す
・書類，備品は決められた位置にもどす
・黙って帰宅しない，帰る時には「お先に失礼します」，い

われたほうは「お疲れさまでした」の一言を
・会社を出ても，組織の一員であることを忘れず行動する

　＜帰宅時＞
　通常の通勤経路での事故は，労災保険の「通勤途上災害」の適用を受けます。ところが，会社の帰りに喫茶店やショッピング，酒場などに立ち寄ると，この適用は受けられません。いずれにしても事故には注意してください。
・退社時，同僚や上司に飲食に誘われた場合，受けるか断わるかは相手，状況をよく考えてから決めること。単に食事や酒を楽しむ以上の意味をもつこともあり，生き方にもかかわってくる。ほかに用事があって断わるのなら，素直に事情を話しておくこと
・酒の席で会社や上司の悪口はいわない。同席者が不愉快になることが多いし，かりにその場は同調しても酔いがさめると，「あいつは人の悪口ばかりいって，どうも信用がおけない」となりかねない
・飲みすぎてゲボしたり，酩酊して自分の行動がわからなくなったら，翌日，同僚に行動を確かめ，迷惑をかけていたら素直に詫びること

　帰宅が遅くなる時は，自宅や寮に必ず連絡を入れておきましょう。留守を預かる者は，事故にあったのかと心配になるものです。

　＜帰宅後＞
・通勤服は毎日替えたほうが長持ちする。ブラシをかけてホ

コリを落とし，ハンガーにかけて，背広，洋服を休ませよう
・翌日，身につけるものの用意（定期券，手帳なども移し替えておく）
・明日も1日いい日でありますようにお祈りして，ぐっすり眠る

応対

応対の基本は，自分が今「どこに」いて，「何を」すればいいのか，そして相手は「だれか」の状況判断をすることです。仕事や状況によって応対の仕方が変わります。

ただ，どんな時でも応対は丁寧にしましょう。あなたにとっては大勢のお客様の中の1人であっても，そのお客様にとっては，あなたが会社です。あなたがつっけんどんな応対をすれば，「あの会社は不親切だ」と思うでしょう。雑な応対をすれば「あの会社から軽くあしらわれた」と感じるかもしれません。忙しくても応対しなくてはならないのなら，「この忙しいのに」と怒らず，心が行き届いた応対をしましょう。

\<受　付\>
○朝は「おはようございます」，おおむね11時以降は「いらっしゃいませ」と，相手の目を見ながら軽く微笑んで，明るく声をかける
○事前に面会の予約があった場合は「お待ちしておりました」と言葉を添える
○よくいらっしゃる人には「いつもお世話になっております」「毎度ありがとうございます」という
○名乗り
　（相手が名刺を出さない場合）
　・口頭で名乗った時……会社名，名前を復唱する。「××会社の○○様でいらっしゃいますね」
　・とくに名乗らない時……「失礼ですが，どちら様でいらっしゃいますか」
　（相手が名刺を出した場合）
　・右手で受け，左手を軽く添えて丁寧に受け取る（両手で受けてもよい）
　・名前を確認する「○○様とお読みするのでしょうか」
　　（その際，名刺を持った手は下げない。名刺は掌の上に乗せておくか，あるいは机の上にいったん置く）
　・名刺は名指人，またはその代理人に渡す

\<取り次ぎ\>
○「△△課のＡさんいらっしゃいますか」とお客様が特定の人物を名指した場合……「かしこまりました。おかけになってお待ちください」といい，「受付に××会社の○○

様がおみえになっています」とAに連絡をする
○「〜についてうかがいたいのですが」「△△課の方にお目にかかりたいのですが」ととくに名指さない場合……用件を聞いて応対できる者に連絡する
○名指人在席の場合……「Aはただいま参りますので、少しお待ちください」
○名指人が会議、来客などの場合……名指人にメモを渡し、指示を受ける
○取り次ぎに時間がかかる場合……「大変申しわけありませんが、Aはまもなく参りますので、○分ほどお待ちいただけますか」。長く待たせるようなら、会社のPR資料や新聞、雑誌などを「どうぞ、ご覧になってお待ちください」と渡すのもいい。待ち時間は長く感じるもの。待つ身になって心を配る
・会議中、来客中の場合、いつも正直に「会議（来客）中ですので……」とお客様にいうのは考えもの。「せっかく訪ねてきたのに、会議なんかで人を待たせて。客の私より大事な会議なのか」「どんな大事な客だか知らないが、私だって客だ」とお客様が思わないとも限らない
○名指人不在の場合……「Aは外出中ですが、代わりの者が承ります」「Aは外出しておりまして、○時にもどる予定です。もどりましたらこちらからご連絡申しあげます。せっかくおいでいただきましたのに、申しわけございません」

<案内の仕方>
・廊下……お客様の右または左斜め前を、やや半身になって

歩く。曲がり角ではちょっと立ちどまり，お客様が迷わないように配慮する
・階段……お客様に対して，いつも自分が下にいるようにする。つまり，上がる時は後ろから，降りる時は斜め前を，半身になって下りていく
・エレベーター……お客様は先にお乗せし，先に降りていただくのが原則。自動の場合は（「失礼します」と断わって）自分が先に乗り，「開」のボタンを押しておいてお客様に乗っていただく。降りる時は原則どおり，お客様に先に降りていただく（乗る時，降りる時には「どうぞ」という）

＜応接室＞
○先客がいる場合もあるので，開ける時はノックをする
○ドアを開ける
　・内側に開くドアはあなたが先に部屋に入り，ドアを押さえながら「どうぞ」とお客様を招き入れる
　・外側に開くドアなら，ドアを開けるのはあなただが，入るのはお客様が先
○椅子をすすめる。「どうぞ，おかけください」
　・席には上座，下座がある。出入口から奥まったところが上座。椅子の格も考えること。①ソファー，②肘かけ椅子，③背もたれ椅子，④スツールの順
○「すぐAがまいりますので，少しお待ちください」と断わって退く
○茶菓の接待をする
○お客様がお帰りになったら，いつ，つぎのお客様がみえて

もいいようにすぐ後片づけ

＜茶菓の接待＞
・身なりの清潔さに留意し，相手に不快感を与えないこと
・「よくいらっしゃいました」「どうぞ，召し上がってください」心を込めて接待する

＜お茶のいれ方＞
○お茶によってお湯の適温がある
　・玉露……50〜60度のお湯を注ぎ，2〜3分おく
　・煎茶……70〜80度で1〜2分
　・番茶，ほうじ茶……100度でさっと入れる
○茶碗に湯を入れて温める。茶碗，茶たく，お盆などが汚れていたり，欠けていたりすると感じが悪いので注意する
○急須にお茶を適量入れ，お湯を注ぐ。頃合いを見はからって茶碗に7〜8分目注ぐ
　・お茶の注ぎ方は鼠尾・馬尾・鼠尾。つまり，最初はネズミの尻尾のように，つぎはやや太めに馬の尻尾ぐらい，注ぎ終わりはまたネズミの尻尾という比喩
○茶碗の糸底を拭いてから，茶たくに乗せ，お盆を使ってお客様のところまで運ぶ
　・お盆は胸の高さより下げないこと
　・お茶に息がかからないように気をつける
○お茶の出し方
　・お盆をサイドテーブルの上にいったん置いてからお茶を出す（菓子もある場合は菓子が先）。右手で茶たくを持ち，

左手を茶碗に添えてお客様の右側から。お盆を持ったまま出す時は，左手にお盆を持ち，右手でお茶を出す
・茶碗の縁には手をかけないこと
・口の中で「失礼します」といいながら静かにお客様の右側に置く（書類や資料が出ている時は，じゃまにならない位置に置く）
・出す順番は席次に従う（お客様の中の上位者から。最後が自社の応対者）
・こぼしてもあわてない。まず「申しわけありません」とあやまり，すぐ処理をする
・コーヒー，紅茶の場合，スプーンはカップの手前。カップの取っ手，スプーンの柄がお客様の右側にくるようにセットするのが一般的
・出し終えたら，軽く頭を下げて退く

＜他に留意すること＞
・吸いがらで山となった灰皿を平気で出しておかない（下げる時は灰が飛ばないように気をつけること）。替わりの灰皿はよく拭いてから出す
・後片づけはスムーズに。前に出した器が二重，三重に残らぬように

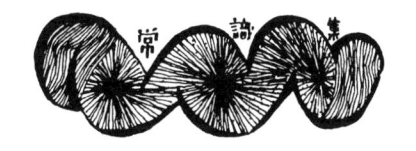

名　刺

　竹や木を薄く削って名前を書いたのが「名刺」の始まりです。職業によって名刺もさまざまですが，ビジネスパーソンの名刺には，会社名，所属，氏名，会社の所在地，電話番号が必ず書かれています。名刺を見れば，どこの会社のだれということが一目でわかるわけです。のちのちの交際に役立ててもらうものでもあります。名刺の扱い方ひとつで，どんな人物か判断されることもありますから，たかが紙切れ1枚と侮(あなど)れません。

＜名刺の取り扱い＞
・汚したり折ったりしないように名刺入れに入れておく
・必要だと思われる枚数より多めに持参（予備を鞄の中に用意しておくとよい）
・人からもらった名刺の整理は定期的に行なう（日付，用件などをメモしておくと，あとで便利）

・名刺は身分を証明するものだともいえる。悪用されることなどないよう、保管には注意すること（不用となった名刺は自分のも他人のもそのまま捨てずに、穴を開ける、破るなどしてから捨てる）

＜名刺の交換＞
・仕事は肩書きでするものではない。相手の肩書きに気後れすることはない
・名刺はすぐに出せるようにしておく
・名刺交換は同時に行なわれることが多いが、原則的には目下の者から先に渡す（顧客はもちろん目上）。「××会社の○○と申します。よろしくお願いします」と相手の胸の位置に差し出す
・出し遅れた時は、先方の名刺を受け取ったあと、「失礼しました」といい、自分の名刺を渡す
・相手の名刺は右手で受け、左手を添える。すぐにしまわないで、目を通し、社名や氏名が読めない時は相手に確かめる
・先方の名刺を手でもてあそぶことは大変失礼
・一度に大勢と会う時は、テーブルの上に並べて会話すると名前と顔が一致する（忘れず持ち帰ること）
・路上やトイレでの名刺交換は下の下。場所柄を考えて

訪問のエチケット

お互い忙しいところを訪問するのですから，ムダ足にならないよう，また，長居をして迷惑にならないようにしましょう。

- 事前に電話などで日時，用件を伝え，相手の都合を聞く
- はじめての所なら，あらかじめ場所を調べておき，道に迷わないようにする
- 約束の時間は守る（5分前に着くくらいがちょうどいい）
- トイレは済ませておく（中座は話の腰を折るのでよくない）
- 自分の権限外のことを約束しない。相手のペースに乗せられない
- 「すみません」「ありがとうございます」を連発すると軽く見られる
- 喫煙コーナー以外は禁煙というところが多いのでタバコは吸わないことを原則としたほうがよい
- 訪問中は，携帯電話の着信音は鳴らないようにしておく
- 訪問中，どうしても電話をかける必要ができた時は丁重に断わってからかける
- 用件が済んだら，相手の迷惑にならないよう，なるべく早く辞去する

6 電話と私

|||||||| 電話なんかこわくない ||||||||

電話応対のポイント

　電話の応対だからといって、他の応対とそう異なるところはありません。ただ、相手が見えませんから、その分、丁寧な応対を心がけましょう。

＜直そう「なくて七癖」＞
　癖はだれにでもあるものです。癖も個性の1つですから、全部が全部悪いということではありませんが、悪い癖なら直すに限ります。同僚や先輩の通話が耳に入ってきた時、「あっ、何か変だな」「ちょっと感じが悪い」と思うことがあったら、自分にはそういう癖がないか注意してみてください。無意識のうちに、人の悪い癖を真似ていることもありますから、癖があったら、直す努力をしましょう。
　・「もしもし」「それはですね」「えーと」「アノー」の連発

・挨拶ばかり長くて，なかなか用件に入らない
・交換手や取り次ぎの者に対しては横柄で，当人に代わると急に語調を変える
・話し方が早すぎる。モタモタしている
・通話の途中で，すぐ「ちょっとお待ちください」と中断する
・受話器をガチャンと置く

＜通話の仕方＞

通話中にほかの人から電話が入ることもよくあります。「いつ電話しても話し中だ」ということのないように，無用な長電話はやめましょう。長電話を防止するには，切り出しや切り返しが大事です。「さっそくですが」「ところで……」などと話題を切りかえて，用件を済ませましょう。

相手の声が聞き取りにくいことがありますが，すぐに「お電話が遠いようですので，もう少し大きな声でお願いします」というのは待ってください。

静かな場所に移動して，それでも相手の声が聞こえない時は，電波状況のよいところからかけ直しましょう。

○話し方ははっきりしているか
　・口調がモタモタしていないか
　・声量は小さくないか，大きすぎないか
　・スピードは速すぎないか，遅すぎないか
○用件はテキパキと要領よく
○誤解をまねく言葉は確認をする

＜待つ身はつらい＞

　通話中に相手を待たせる，待たされる――よくある光景です。電話に限らず，待たされた経験のある人は，その時のことを思い出してみてください。時間がたつのが遅く感じられ，イライラしませんでしたか。反対に，待たせた時は，そう長く待たせたと実感できないものです。待たせるほうは実際の３分の１，待たされたほうは３倍に感じるとみればいいでしょう。

　○待たせる時は，あらかじめ相手に「○分くらいお待ちくださいますか」「○分ほどかかります」という
　○長くかかるようなら，相手に断わり，いったん電話を切ってかけ直す
　　・相手が待つといった場合でも，時々，中間報告はする。「ただいま，計算しておりますので，もう少しお待ちください」
　○本人がほかの電話で通話中とか，打ち合わせ中などで待たせる時は，取り次ぎの人が中間報告をする。「ただいま，ほかの電話に出ておりますので，もうしばらくお待ちください」

　通話中に注意したいのは，周囲の人の話し声。とくに待たせている時は，相手に筒抜けになることがあるので，内容，話し方などに気をつけてください。

電話のかけ方

○ かける前に用件を整理し，メモしておく
○ 番号は正確に
　・番号を確かめてからダイヤルする
　・まちがい電話は，相手の番号を確認してから，「失礼しました」と丁寧にあやまる
　・話し中なら3分待って，もう一度かける
○ 先方が出たら，「おはようございます」「いつもお世話になっています」の第一声を
　・自分の社名，（所属），氏名を名乗る
　・だれにつないでほしいのか，はっきり先方に伝える
　「××課の○○さんをお願いします」
○ 会話途中で電話が切れた時は，かけたほうからかけ直すのがルール（相手がお客様の場合は，こちらからかける）
　・途中で切れた時は，「途中で切れまして，大変失礼しました」と一言。余分なことはいわない
○ 通話中は，姿勢を正しくしていれば，ごく自然に親切，丁寧な言葉づかいができる

電話の受け方

電話のベルを一種の暴力と考える人もいます。新しい出会い、新しいビジネスチャンスの始まりを知らせてくれるうれしい合図と思う人もいます。集中力が必要な時、ベルは思考を中断させるから、といやがる人もいますが、もしかしたら、電話1本受けることが気分転換になって、違った発想を引き出すことができるかもしれません。

　ベルが鳴ったら、すぐ受話器を取るのが電話の受け方の基本です。

○電話のそばにはメモ、鉛筆を用意する
○自分から名乗る
　・外部からの電話を直接受ける場合は、まず社名を名乗る
　・交換手を通す場合は、社名は名乗らない
○「おはようございます」など、挨拶を一言入れる
○相手を確認する
　・名乗らない場合は「どちら様でいらっしゃいますか」「どちらの鈴木様でしょうか」と聞く
○お客様には「いつもお世話になっております」の言葉を添える

○取次電話は名指人が出るまで取次者の責任
　・呼んだのに名指人がすぐ電話に出ない時は,「ただいまおつなぎいたしますので少しお待ちください」という
○用件が済んだら,簡単な挨拶をする。「ありがとうございました」「今後ともよろしくお願いします」
○相手が切ったことを確認してから,静かに受話器を置く

＜用件の聞き方＞
○必ずメモを取る
○用件を復唱し,了解した旨を伝えて,自分の名前を名乗る。「〜を○日までにということですね。かしこまりました。私,××と申します」
○自分で対処できない電話は,すぐに担当者,先輩,上司など,責任ある回答ができる人に代わってもらう
　・その場合,代わる人に用件の概要を伝えないと,相手は何度も同じことを話さなくてはならない
○代わった者は,「お電話代わりました。〜の件でございますね」とこちらから切り出す
○回答に時間がかかる場合は,「ただいま調べておりますので,少々お待ちください」と伝える。長時間かかりそうな時は,「少しお時間がかかりそうですので,のちほどこちらからお電話いたします」と,いったん切ってかけ直す

＜取次電話＞
○だれからだれへの電話なのか確認し,「少々お待ちください」といって名指人に代わる

- 「○○様からお電話です」
- 用件を聞いた時は「○○様から〜の件でお電話です」
- 受話器を渡す時は送話口を手でふさいで渡す

○ 取り次ぎは迅速に。とくに長距離電話では「時は金なり」
- 名指人が電話口に出るまでに時間がかかるようなら，その旨を伝える。「○○は席をはずしておりますが，すぐ呼んでまいりますので，お待ちください」（人を怒らせる・ヒ・ケ・ツ・は待たせることにありと知るべし）
- 長時間かかる場合
「おそれいりますが，時間がかかるようですので，折り返しこちらからお電話いたします」「ただいま，ほかの電話に出ておりまして，少し，長引く様子ですが，いかがいたしましょうか」
- 名指人が不在の時
「○○は，ただいま外出しておりまして，×時にもどる予定でございます。よろしければ，私が代わりにお話をうかがいます」（外出先などはいわない。出張の場合も，どこに行っているのかは原則としていわない。どうしてもいう必要がある時は，相手，状況を考えてから）
- 代理でもよいと相手が承知したら，自分の名前を名乗って，用件を聞く
- 伝言メモを忘れずに書き，速やかに名指人に渡す

＜会議中・来客中の者への電話＞
○ 会議・打ち合わせ中
- 会議前に，電話がかかってきた時の処理を聞いておく

- 「まことに申しわけございません。××はただいま，席をはずしておりますので，席にもどりましたら，こちらからご連絡いたします」
- 名指人が電話に出ない時には，会議中，打ち合わせ中とはいわないほうがいいことが多い。「会議で電話に出ない」といって気を損ねる人もいる。「席にいないのなら仕方ない」と思うのが心理

＜来客・接待中の者への電話＞
○だれから，何の用件で電話がかかっているのか，メモして名指人に渡す
- 会話の切れめを見はからって，「お話し中失礼します」とお客様に断わって渡す
- 重大な用談中の時は取り次いでもいいかどうか判断する

7 言葉づかい

||||||||| 気取らずあせらず真摯な気持で |||||||||

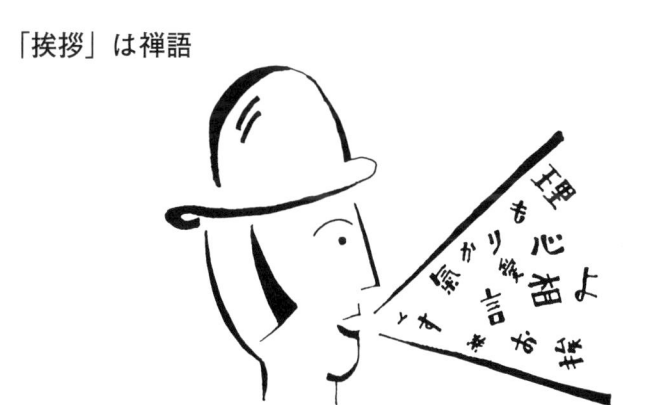

「挨拶」は禅語

　禅宗では「一言一句，一機一境，一出一入，一挨一拶して深浅を見んことを要す」といいます。「挨拶」は禅語です。

　挨も拶も「迫る」という意味がありますが，「相手に切り込んで切磋琢磨する」「問答して相手の悟りの深浅を見る」ことでもあります。ここから，互いに言葉を交わすことを「挨拶」というようになりました。挨拶を交わすことで，互いの心のぬくもりを感じ合う，1つの以心伝心なのです。

　作家の吉川英治氏は「人生は旅である。我々が人生という旅を仲間と仲良く楽しくやって行くにはパスポートが必要である。おじぎとあいさつは，いわば人生のパスポートである」といっています。

　このほかにも，挨拶は「生活の句読点」「職場の潤滑油」「相

手を意欲づけ，行動づける最も短い言葉」などといわれます。つまり，「すばらしい人間関係を築いていきたいと思います。どうぞ，よろしくお願いします」という思いを込めた，その日1日を楽しくさせる言葉，それが「挨拶」だといえます。

　日本人は弥生時代にはお辞儀をする習慣をもっていたといいます。私たちの遠い祖先もお辞儀をしていたわけです。

　〇まず，自分から声をかける，お辞儀をする
　〇挨拶は心を込める
　〇挨拶は気取らず，あせらず，真摯な気持で
　　・出勤したら「おはようございます」
　　・何かしてもらったら「ありがとうございます」
　　・相手（自分）が出かける時は「行ってらっしゃい（行ってきます）」
　　・相手（自分）が帰ってきたら「お帰りなさい（ただいま帰りました）」
　　・依頼する時は「よろしくお願いします」
　　・相手（自分）が退社する時は「お疲れさまでした（お先に失礼します），さようなら」
　〇お辞儀は行動をともなって
　　・表情は硬くならず，微笑を心がける
　　・頭はゆっくりと上げ，上げ終えたら，必ず相手と目を合わせること
　〇挨拶には相手の名前を添えて
　　・「〇〇さん，おはようございます」
　　・「〇〇さん，こんにちは。お元気ですか」

言葉づかいのあれこれ

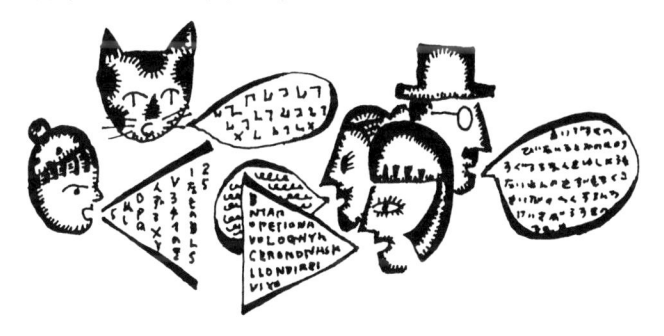

　言葉づかいには品位があらわれるといいますが、言葉の品位とは何でしょうか。

　いまでも皇室では、皇室だけで使われる独特ないいまわしや表現があるそうですが、かつては階級によって言葉づかいがずいぶん違いました。古来、天皇に近い階級の人々は上品、遠い人を下品という概念がありましたので、しだいに言葉についても、雅言葉は上品、巷で使われる言葉は下品といわれるようになったとされています。

　身分の高い人々が下層階級の者から神のように崇められていた時代には、貴人の動作や持ち物を自分たちと同じ言葉で表現することすら、おそれ多いことでした。そこで、貴人の動作や持ち物には御などを付けて尊敬の念を表わし、同時に自分を低める言葉が生まれたわけです。

　階級制度はなくなりましたが、現代では相手または話題にしている人やものを丁寧に扱うため、「尊敬語」「謙譲語」「丁寧語」および「美化語」が使われています。

現在，丁寧語といわれている「です」「ます」は，本来，謙譲語の「～でございます」という言葉から派生したもので，聞き手に対して丁寧な表現をするためのものです。美化語は，お米，お昼などにつく「お」や，うまいを「おいしい」と表現する言葉などがそれです（「おいしい」は古くは「いしい」という形容詞で，女性語として丁寧語「お」をつけ，今日の「おいしい」の形となったものです）。美化語は，聞き手や話題，人物に対する配慮というよりも，話している本人を上品に感じさせるための言葉だといえます。

言葉に気持を込めて

・「いらっしゃいませ」
　歓迎の心を込めてお客様を迎える
　基本の言葉
・「ありがとうございました」
　感謝の気持を込めた基本の言葉
・「しばらくお待ちください」
　本来，この言葉は正確と迅速を心がけて，お客様の要望に沿うための言葉
・「お待たせいたしました」
　待つ身になって
・「かしこまりました」

お客様に代わって責任をもち，用件を処理する気持
・「申しわけございません」
　　お詫びの気持
・「おそれいります」
　　協力に対して心から感謝する気持
・「気がつきませんで……」
　　自分の配慮が行き届かなかったことを素直に詫びる気持
・「またどうぞ，お越しください」
　　感謝とまたの来訪を待つ気持
・「どうぞ」
　　歓迎と協力の心を込めて

尊敬語や謙譲語をマスターしよう

　一般的に，尊敬語は普通語＋「れる・られる・なさる」，謙譲語は「お〜いただく・する」と表現しますが，特別ないい回しをするものもありますので，正しく使いこなしましょう。

普通語	尊敬語	謙譲語
会う	お会いになる，会われる	お目にかかる，お会いする
与える	お与えになる，与えられる	さしあげる，あげる，献上する 献呈する，献じる，進呈する
言う	おっしゃる，言われる	申し上げる，申す
聞く	お聞きになる，耳に入る	うかがう，うけたまわる， 拝聴する，お聞きする
いる	いらっしゃる，おいでになる	おる
くれる	くださる，たまわる	
受けとる	お受けとりになる，受けとられる	いただく，頂戴する，たまわる， 拝受する，お受けする
持っていく	お持ちになる	持参する
思う	お思いになる，思われる	存じる
買う	お求めになる	
借りる	借りられる	拝借する，お借りする
着る	お召しになる	
来る	いらっしゃる，おいでになる お見えになる，お越しになる	
死ぬ	お亡くなりになる，逝去する	
知らせる	お知らせになる	お耳に入れる，お知らせする
知る	ご存じ，お聞き及びになる	存じる，存じ上げる，承知する
する	なさる，される	いたす
行く	いらっしゃる，おいでになる お越しになる	うかがう，参上する，まいる お訪ねする，お邪魔する
見せる	お見せになる	お目にかける，お見せする ご覧にいれる
見る	ご覧になる	拝見する
読む	お読みになる，読まれる	拝読する
命じる	おおせつける，お命じになる 命じられる	
寝る	おやすみになる	
食べる・飲む	召し上がる，お食べになる	いただく，頂戴する

職場で大切な言葉づかい

○肯定する時
　・かしこまりました
　・承知いたしました
　・さようでございます
　・おっしゃるとおりと存じます
○否定する時
　・とんでもないことでございます
　・そのようなことはございません
　・何かのおまちがいかと存じます
　・いいえ，そんなつもりではございません
○さえぎらなければならない時
　・お話（お仕事）中，まことに失礼でございますが
○すぐ話に入る時
　・さっそくでございますが
○聞き返す時
　・おそれいりますが、もう一度お聞かせください
　・もう一度，おっしゃっていただけませんでしょうか
　・もう一度お願いいたします
○詫びる時

- 大変ご迷惑をおかけいたしまして申しわけございません
- 何ともお詫びのしようもございません

○謙遜する時
- どういたしまして
- そんなにいわれましては
- 私にできることでございましたら

○頼む時
- ご多忙とは存じますが
- おそれいりますが，〜していただけませんでしょうか
- 〜をお願いできませんでしょうか
- ご配慮いただけませんでしょうか

○都合を聞く時
- いかがでしょうか

○出かける時
- ○○に行ってまいります

聞き手の心得

KNOWLEDGE of A HEARER

＜積極的な傾聴＞

相手の話は，身体全身で聴きましょう。「聴く」とは単に「聞く」ことではありません。よりよく聞くとは，話し合いの中で相手との気持の融合をはかることです。漫然と相手の話を受動的に「きく」ことを英語では，hearing（聞く）といいます。

聴くは，相手の言葉の背後にあるものまでも聴き入ろうとするactive listening（積極的な傾聴）です。

　積極的に聴くということは，事実と意味と反応を聴くことです。単に事実や意味のシンボルとして，言葉の表面的なものを聞くだけでなく，相手の基本的な立場や価値観を理解していこうとする姿勢が必要です。お互いが積極的に関心を示し，お互いの立場を尊重し合いながら聴く姿勢が求められます。

〔傾聴の要点〕

○だまって聞く（沈黙）

　　自分の考えを相手に押し付けるのではなく，相手の話を聞くことに重点を置いて，黙って聞きます。

○理解したことをあらわす（受容，あいづち）

　　意見を差し挟まない受け答えが必要です。「なるほど」「そうですか」「まぁ」「そうだったんですか」など，相手の言おうとしている内容が理解できたことを表現します。

○想いを引き出す（会話を援助する言葉）

　　「もう少しお話をうかがわせてください」「それについて，どうお考えですか」「当時の状況はいかがでしたか」。相手の想いを引き出すことも傾聴です。

○相手が言った通りに言う（繰り返し）

　　相手の気持をよりよく理解したことを示すために，相手の言ったことを繰り返します。

〔心（感情）を聴く〕

言葉は心を超えません。言葉や態度の裏側にある心に耳を傾けましょう。言葉の行間に相手の本音が隠されています。

○まとめる（事実のフィードバック）

「○○さんがおっしゃっていることは，〜ということですか」「〜と理解しましたが，よろしいでしょうか」「いま伺ったことをまとめてみますと，〜ということですか」。フィードバックは確認です。相手が言ったことを言い換えることで，相手の考えをまとめることになります。

○気持をくむ（感情のフィードバック）

「○○さんは，そのことで〜のようにお感じになったのですね」「それは〜だったでしょうね」「それは〜お困りのことだと思います」。相手が自分の感情などを言葉で言いあらわしていないときには，確認のために感情を解釈する必要があります。

話し手の心得

「スピーカーズ　リスポンシビリティ」——独りよがりのことです。話の中身が相手に伝わらないのは，話し手のせいという意味です。話すことでよいコミュニケーションを生み出すためには，話したいことが相手にきちんと伝わらなければいけません。

ひたむきに話しているのに，ちっとも相手が話をわかってく

れない，いつまでたっても平行線だ，という時には，カッカしないで冷静になってみましょう。そして，相手が自分の話を理解してくれているか，確認しながら話を進めていきましょう。

　〇表現がまずくはないか
　　・スライド，図，表などを活用して「見せる」工夫をする
　　・他のいい回しができないか
　　・具体例をあげる
　〇話の展開はどうか
　　・順序立って話しているか
　　・展開に飛躍はないか

　恥ずかしい，アガってしまう，という人はどうしたらいいでしょう。ともかく，場数を踏むことです。アガルからといって，いうべきことを紙に書いておき，全文を見ながら話すという方法は関心しません。それでは「話す」というより「読む」ことになってしまい，自分の気持が伝わりませんし，書いてきたことと口に出したことの内容がそれてしまったりすると悲惨です。つぎは何をいえばいいのか，どこに話をもどせばいいのか，本当に困ってしまって絶句ということにもなりかねません。ものを見ながら話をするのだったら，主要なところだけ，あるいは引用の文章，数字などの覚え書き程度にしておくほうがいいと思います。

魅力ある話し手になるために

　同じ内容の話をしても，話し方がうまい人と下手な人とでは，聞き手の理解度が違ってきます。あの人は話し上手だ，という人たちの話し方を聞いていますと，いくつか共通点があります。
・聞き手に興味をもたせる話し方
・新鮮である
・ためになる，役に立つという印象を与えている
・教訓的ではあるが，押しつけがましくはない
　話し上手の人から話し方のテクニックを学んで，あなたも聞き手の心を引きつけられるような話し手になってください。

＜話し方の基本＞
○美しい声は正しい姿勢から
　・背すじをまっすぐ伸ばして話す
○練習なくして成功なし
　・ぶっつけ本番は失敗のもと
○区切り，間が大事

・ダラダラと話さない
○方言も使いよう
　・あたたかさを与え，親しみが増す場合もある
　・ゆっくり，はっきり話す
　・独特な表現には注釈をつける
○会話はほめ言葉で結ぶといい

＜話し方の癖を直す＞

「エー，私が行きました時には，エー，……」，耳ざわりに感じると，「エー」「アー」「アノー」「エート」「ソノー」はけっこう気になるもので，話の本筋が伝わらないことも起こりえます。人の振り見て我が振り直すふだんの心がけが必要です。

東北，北陸の人は「イ」と「エ」が，江戸っ子は「ヒ」と「シ」がうまくいえませんが，それを笑っているあなただって，酔っぱらったり疲れてくると「ラリルレロ」がいいにくくなるのをご存じですか。

＜歯切れをよくする訓練＞

言葉の歯切れが悪いと，何をいっているのかはっきりしません。少し，訓練してみましょう。確実に表現するためには，いいにくい言葉を繰り返し読む訓練が効果的です。

・暖かく　暖かく　暖かく　暖かく
・生バナナ　生バナナ　生バナナ　生バナナ
・老若男女（ろうにゃくなんにょ）　老若男女　老若男女
・詳細を調査中　詳細を調査中　詳細を調査中
・国語熟語述語主語　国語熟語述語主語　国語熟語述語主語

- 高架橋橋脚(こうかきょうきょうきゃく) 高架橋橋脚
- 公序良俗 公序良俗 公序良俗 公序良俗
- 家のつるべは潰れぬつるべ隣のつるべは潰れるつるべ 家のつるべは潰れぬつるべ隣のつるべは潰れるつるべ

歯切れがよくなったら、つぎは早口言葉の練習です。まずはゆっくり、口を大きく開けてどうぞ。

- 瓜売りが瓜売りに来て瓜売り残し、瓜売り帰る瓜売りの声
- 庭には2羽、裏庭には2羽、ニワトリがいる
- 隣の客はよく柿食う客だ
- この柱の釘は引き抜きにくい
- 菊桐菊桐三(み)菊桐、合わせて菊桐六(む)菊桐
- 坊主が屏風(びょうぶ)に坊主の絵を上手に描(か)いた
- 歌唄(うた)いが来て歌唄えというが、歌唄いぐらい歌唄えれば歌唄うが、歌唄いぐらい歌唄えぬから歌唄わぬ

＜話のテーマをしぼる＞

欲ばって、あれもこれもと話を広げていくと収拾がつかなくなりますし、「結局、何がいいたかったんだろう」ということになりますから、テーマをしぼることが必要です。

「酒を一献」という時の一献は盃3杯のことです。3食といえば、朝食、昼食、夕食です。万歳三唱とはいいますが、万歳四唱、五唱は聞いたことがありません。話のテーマも3つほどがちょうどいいでしょう。「天・地・人」「心・技・体」「真・善・美」「知・情・意」「上・中・下」「大・中・小」など、どのテーマをいかに話し、どうまとめるのか、考えてから話すといいといわれています。

＜良寛さんの戒め＞

前の項で聞き手にとっての戒めを紹介しましたが，今度は話し手に対する戒めです。

・問わず語り（身勝手な話し方はよくない）
・よく心得ぬことを人に教える（知らないことは話さない）
・推しはかりのことを真実になしていう（嘘はつかない）

＜キドニタテカケセシ衣食住＞

話の内容が，あまりに堅くなってしまった時，あるいは聞き手の注意力が散漫になってきた時は，「キドニタテカケセシ衣食住」を接穂にしていったん気分を変えてから，新しい話に入っていきましょう。

キ（気候，季節），ド（道路，道楽），ニ（ニュース），タ（旅），テ（天気），カ（家族，家庭），ケ（健康），セ（世情），シ（趣味），衣，食，住

ときに塩味をきかせ，あるいはウイットを交じえて話しましょう。

＜声のＴＰＯ＞

テレビのニュースを聞いていてもおわかりのとおり，朝は大きく（元気よく）高めのトーン，夜はゆっくり低めのトーンで話すのがいいようです。また，たくさんの人を前にして話すような場合は大きな声，少人数の時は普通の音量で話します。相手，場所，時を考えて調整しましょう。

8 読み・書き・綴り方

|||||||| 文章はあなた，文字は秘書 ||||||||

読　む

「彼は，仕事に関しては優秀な人物と思うが，仕事を離れると話題もなければ主張もない。人間的魅力には欠けてるな」

ビジネスだからといって，仕事の話ばかりしていたのではギクシャクした人間関係になってしまいます。仕事をスムーズに進めるための潤滑油となるのは，人間的幅の広さです。

読書は自己の資質を向上させるとともに，教養を高め，知識を広げます。読書の習慣をもつことは，お客様との人間関係に潤いを与えるでしょう。

＜心で読み取る＞

本には，楽しみのために読む本，何か調べるために読む本，それに，考えながら読む本の3つがあるといわれています。ところが，どの本が楽しめるとか，何を読んだら人生を考えるこ

とができるとかは一概には決められません。本を読んで，人生について，人間について考えさせられることはよくありますが，何もその本が哲学書とは限りませんし，また，Ａさんの心を打った本が，どの人の心にも感動を呼ぶかといえば，そうともいえません。昔，読んだ時には少しもおもしろくなかったのに，この前また読んでみたら，とてもおもしろかったということもあります。要は，読む人の受けとめ方だといえるでしょう。

　ビジネスパーソンのあなたは，仕事に関する本，つまり「何か調べるための本」をこれから多く手にすると思いますが，仕事に関する本だけを読書の対象に限定しないでください。筋書きを追うような読書も決して意味がないわけではありません。人間について，社会について考える本が，あなたの人生にマイナスになるとは思えません。読書はどういう読後感をもつかが大切なのではないでしょうか。

　「活字文化」「映像文化」という言葉があります。たとえば，テレビの画面は刻々と変わっていきます。映像は瞬間，瞬間に消えていくといってもいいでしょう。そして，１時間の番組はだれが見ても１時間です。これに対して本は，人によって読む速さが違います。活字は消えませんから，自分のペースで読み進めます。１冊の本の中でも速く読むページ，ゆっくり読むページが出てきます。興味をもったかもたないかによって速度が変わることもあるでしょうし，本からヒントを得て，読者が本の世界をいったん離れ，頭の中で違う世界をつくりあげていることだってあるでしょう。行間に書かれている意味をとらえるのに懸命になっている人もいるはずです。

1冊の本をどう読むかは、その人の感性にかかっています。読書で、豊かな感性を培いましょう。

読書法

まずは、国語辞典と自分の専門分野の用語辞典を用意しましょう。

無理なく読書をするには、自分の生活のリズムに合った方法で読書することです。もっとも、「ここ数ヵ月、1冊も本なんて読んでないや」という人は、生活の中に読書の割り込む時間がないのですから、1日20〜30分を読書の時間として取ることが必要でしょう。精神構造的にも、30分くらいなら、さほど苦もなく1つのことを持続できるようになっています。さあ、今日から1日30分の読書を始めてください。毎日毎日30分、欠かさず読書をすることによって、読書が生活のリズムに組み込まれてくるようになれば、生活にメリハリが出てくるのではないでしょうか。

＜朝の体操と朝の読書＞

 たとえ30分でも，毎日のこととなると大変です。昼休みにはお客様がみえていたり，夜は夜で残業やデートがあったりで，「もう，今日はやーめた」なんてことにもなりかねません。その意味で確実に時間がとれるのは朝です。ところが，寝起きで頭も身体もデレーンとしていたのでは，本どころではありません。そこで，朝の体操と朝の読書をパックで実行するというアイデアです。身体を動かすから，朝食もうまい。爽やかな朝の時間をあなたももちませんか。

＜通勤電車での読書＞

 今や，通勤時間1時間はあたりまえ，2時間だってザラというご時勢。乗車率200％の車中ではちょっと無理ですが，立って本を読むくらいのゆとりがあるならば，この時間をムダに過ごす手はありません。スポーツ新聞も決して悪いとはいいませんが，スポーツ欄以外の記事は，朝読むには気が引けるものもあります。スポーツ新聞はサッと目を通す程度にして，あとは，本を読んではいかがでしょう。

読書の技術

　世はスピード時代。みんな，あくせくしています。本も速読の方法がないものかと思うのも無理からぬことです。「速読をしたけど，結局，何が書いてあるかわからなかった」というのでは，本を読んだことにはなりません。どんな本でも速読する，というのは感心できませんが，調べるために読む本などは，速く読む技術を身につけておくと，知りたい情報が短時間でピックアップできて，忙しい時など大助かりです。

＜速読法のいろいろ＞
　参考に，速読法の代表的なものをあげておきますから，自分に合った速読法を見つけてください。
　○情報群から必要情報を抜き出し，拾い読みする
　　・漢字を拾い読みする
　　・アンダーライン，「　」，" " をつける
　　・目次を見て，だいたいの内容をつかむ
　　・索引から必要項目を見つけ出して，拾い出すべき語句などを頭の中に入れておく

・図や統計数字だけを拾い読みする
・小刻みに読む本と集中的に読む本は分けて読む
・新聞の場合には，見出しを拾う

　速読は目も頭も疲れますから，途中に休憩を入れながら読んでいくといいでしょう。

書　く

　一口に文章といっても，いろいろあります。小説，随筆，評論，日記，手紙……。ここでは，ビジネス文書と手紙について考えてみることとします。

＜ビジネス文書は丁寧・正確・簡潔に＞
　読む人の立場に立って作成することが基本となります。一般に，読み手はたくさんの文書を短時間で読むわけですから，わかりやすい文章で要領よく簡潔に書くことが大事です。また，読み手に誤った認識をもたれると，その後のビジネスに支障が出てきますので，どうともとれるあいまいな表現を避け，内容は正確を心がけること。誇張やごまかしがあってはいけませ

ん。
- 原則として一文書一件
- 多くの場合,横書き
- 文体は口語体
- 表記方法
  - 漢字は原則として常用漢字を用いる(人名,会社名,地名は除く)
  - 文字の入力ミス,変換ミス(同音異義語)に注意する
- 内容
  - 文意をはっきりさせる
  - 本文は,最初に結論を述べ,経過・原因と続ける
  - センテンスは短かめを心がける
  - 修飾語はなるべく少なくする
  - 箇条書きを大いに活用する

＜掲示文＞
- 少し大きめと思われる字で書く
- 簡潔で短いセンテンスにする

＜回覧文＞
- 要点を列記する
- 刊行物・印刷物の回覧は,参考箇所に付箋を貼りつけたり,枠で囲んだりして,すぐわかるようにする
- 「回覧後　××課○○保存」等を欄外に記入しておく

＜照会文＞
・適度な丁寧さが必要
・箇条書きにして，わかりやすくする
・回答用紙を様式化し，添付する
・回答期限を必ず明記する

＜回答文＞
・必要事項はもらさず，明確に書く
・求められていない事柄はなるべく書かない
・回答期限は厳守し，間に合わない時は中間連絡をとる

＜依頼文＞
・相手の好意に訴える姿勢で誠意をもって書く
・依頼する事情を素直に説明することも場合によっては必要

＜指示文＞
・何を指示するのか，はっきりと箇条書きで
・よりわかりやすくするために，例を示す

＜稟議書＞（伺い書，起案書）
・下書き段階で，関係者とはあらかじめ打ち合わせておくこと
・本文は箇条書きが好ましい

＜報告書＞
・相手が要請している事柄に関する報告であること
・結論を先に書く
・「事実」と「意見」を入り混ぜない
・今後の処理，方針などを書くことがポイント

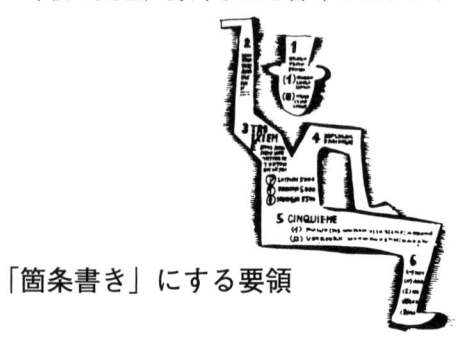

「箇条書き」にする要領

　箇条書きは，伝達したい事項について，要点を明確かつ端的にあらわすものです。
　○複雑な事項は細部を分節する
　○30文字ぐらいを目安に，わかりやすく短文で書く
　○配列の順番
　　・重要な順
　　・読み手の関心の深い順など
　○系列的に並べ，番号，記号をつける
　　・1……，(1)……，ア……，(ｱ)……
　○語尾は体言止めを心がける
　○箇条書き文に，"つなぎ"を添える（「以上が要領」）

図表の描き方　ワンポイント・レッスン

　図表づくりの基本は，読み手に訴えたいデータの値が一目でわかるように作成することです。それには，適したグラフで作表する，単位を明確にする，同一図表内で比較できるようにすることが大切です。

　○棒グラフ
　　・縦軸，横軸の単位目盛りのバランスがとれていること
　○円グラフ
　　・分割は7ぐらいまでが望ましい。それ以上になるなら，見出し語を円の外側に書く
　　・配列は大きい順に右回りで並べる
　○三角グラフ
　　・表示する項目を3辺とも100分率でとる
　○絵グラフ
　　・値が大きいものほど右にくるように並べると見やすい
　　・絵の上に数字を入れるとわかりやすい

○面積グラフ,体積グラフ
　・図で比較が容易にできるものを選ぶ
○地図グラフ
　・情報,ものの流れを考えて描く
○断面図
　・設計図はもちろんのこと,仕様や性能についてもよく理解しておく

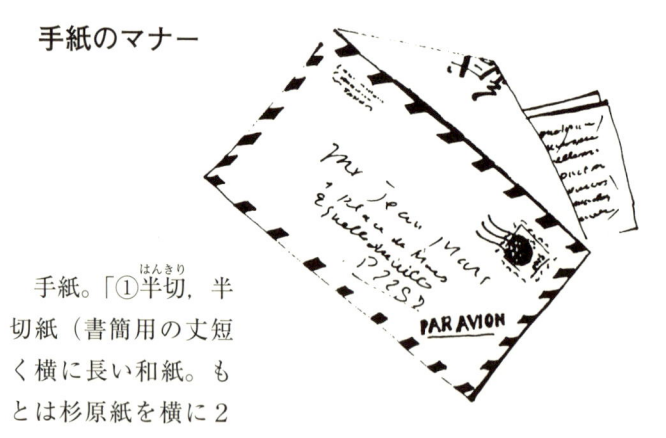

手紙のマナー

手紙。「①半切(はんきり),半切紙(書簡用の丈短く横に長い和紙。もとは杉原紙を横に2つに切った。元禄のころから,これを継ぎ合わせて巻き紙としたので,巻き紙のことを半切という),②用事などしるして,他人へ送る文書,書簡,書状(手は文字や筆跡を意味する)」

このうち,ここで取り上げるのは②の手紙です。差出人が宛名人を特定して差し上げるのが手紙です。手紙の作法としては封書が正式であり,ハガキは略式です。そこで「ハガキでは失礼とは存じますが……」などという言葉を添えるわけです。だれに見られてもよい内容ならハガキでも結構ですが,それ以外

は封書を使うようにしてください。ただし男性が女性に出す場合は，むしろハガキを使ったほうがよいケースもあり，注意を要します。

○封書
　・目上の人に出す時
　・未知の人に出す時
　・あらたまった内容のもの
　・複雑な内容のもの（長文になるため）
　・参考資料を添付したい時

○ハガキ
　・形式的な挨拶状，礼状
　・事務上の通知，連絡
　・近況を知らせるもの（絵ハガキは旅先から差し出すにはいいが，それでも親しい間柄だけにしておくほうがいい）
　・年賀状，暑中見舞など儀礼的なもの

手紙の書き方

挨拶から始まる応対の要領で手順を考えてみてください。

＜頭　語＞
○挨拶語。「拝啓」が一般的。返信の場合は「拝復」

＜前　文＞
○頭語のあと，1字あけて続ける
○時候の挨拶
- 「○○の候」……1月　厳寒の候，2月　春寒の候，3月　早春の候，4月　陽春の候，5月　新緑の候，6月　梅雨の候，7月　猛暑の候，8月　残暑の候，9月　初秋の候，10月　秋冷の候，11月　晩秋の候，12月　寒冷の候
- 季節感をおり混ぜた，20～30文字ぐらいのセンテンスでもよい

○安否
　・一般的には相手の安否を尋ねる。「ますますお忙しいことと存じます」「お変わりもなくお過ごしの由，およろこび申しあげます」等，推量や伝聞の形でまとめるとやわらかい
　・個人的な手紙の場合は，自分や家族の安否にも簡単にふれる。「こちらは，一同無事でおります」
○お礼やお詫びもここに書く
○急いでいる場合などに前文を省略するときは，頭語を「前略」とする

＜書き出し語＞
○主文に入ります，という合図。「さて」「ところで」など

＜主　文＞
○用件，手紙を出す目的
○相手の立場や人格を尊重した表現を心がける
○書く目的をはっきりさせる
○書きたいことを1項目ずつメモしてみて，あとで文章にまとめる
○時間的経過を追って書いてみるのもいい
○文章になったら，読み手の立場でもう一度読んでみる

＜末　文＞
○結びの挨拶。「まずはお礼（用件）まで」など
○必要ならば用件の念押しをする

○先方の健康を祈りつつ終わる。「時節がら，ご自愛のほど
　お祈り申しあげます」
○ハガキは末文で長さのバランスをとるとよい

＜結　語＞
○頭語に対応させる
　・「拝啓」「拝復」→「敬具」
　・「前略」→「草々」

＜あとづけ＞
○日付。行を改め，本文より2，3字下げて，やや小さく
○差出人の署名。日付の行の下，あるいはつぎの行に，本文
　より1字上あたりに最後の字が収まるように
○受取人名
　・敬称をつける
　・署名よりやや大きめの字で，日付より1字上げ，本文よ
　　り1字下げたところから書き始める

＜追　伸＞
○本文に書きもらしたことがあれば，本文よりやや小さめの
　字で添える程度に書く

＜表書き＞
○はっきりと，だれにも読める字で
○受取人の所番地
　・縦書きなら右（横書きなら上）に書く

- ・2行になる時は，区切りに気をつける
- ○宛名
  - ・中央に，やや大きく書く
  - ・個人なら「様」，法人なら「御中」をつける

＜外わきづけ＞
- ○「親展」（あて名人が開封してくださいという意味）
  - ・左下に
  - ・当然，封書に用いる

＜裏書き＞（縦長封筒の場合）
- ○差出人の所番地
  - ・中央継ぎ目の右に
  - ・封じ目より少し下げる
- ○差出人の氏名
  - ・中央継ぎ目の左に
  - ・下端が横継ぎ目の少し上ぐらい
- ○日付
  - ・中身と同じ日付を左上にやや小さく
- ○封字
  - ・封をしたあとで，「〆」「封」「締」

＜切　手＞
- ○料金不足は失礼。重さをはかってから貼る
- ○逆さまになっていたり，曲がったりしないよう，表の左上に貼る

綴　る

「手紙なんて古くさい。いいたいことがあるなら直接いえばいいし，直接いいづらければ，メールがあるさ」。昔は，気持をそっと文(ふみ)に託した「恋文」「ラブレター」の類いが流行したものですが，あなたは書いたことがありますか？　えっ，もらったことはあるけれど，書いたことはない？　まあ，それはさておき，近ごろは文章を書くということが本当に少なくなりました。

　文章をいざ書こうとすると，なかなか書けなくて困った——だれでもこんな経験をもっています。久しぶりに日記でもつけてみるか，と一念発起したのに，どうがんばっても1日2,3行。考えてみれば，小学校時代の夏休みの宿題だった絵日記だって，休みが終わるころ，まとめて書いたのだから「三つ子の魂百まで」のことわざどおり，今さらできるわけがない。日記は三日坊主と相場が決まっているもんだ，とあきらめてしまう人が多いのではないでしょうか。

　人から話を聞くことが「面倒でたまらない」という人は，そういません（もちろん，ただ，ばく然と聞くのではなく，話し手の言葉に心も耳も傾けて，内容を理解しようと努めて聴くことは，楽なことではありませんが）。では，文章を読むことはどうでしょう。「読む」行為は「聞く」ことより，大きなエネ

ルギーを必要とします。そして,「書く」ことはさらに大変で,面倒なことです。

　したがって,文章をつくるには,いろいろ苦労があります。「苦労してまで文章を書くことなんて,真っ平。いやなこった」と決めつけないで,まあ,ちょっと聞いてください。

　悲しくなったり,つらくなったり,うれしいことに出会ったりした時,あるいは,ふっと心に浮かんだことを書きとめておきたい,と思ったことはありませんか。「自分の考えは絶対正しい,口では負けたけど文章にして,ちゃんと説明したい」と思うこともあるでしょう。論理的にものごとを考えるには,プロセスを文章にして書いてみると効果があります。心の奥を素直にみつめて文章に綴ることも,ときには必要です。まずは,人から話を聞いて感動したこととか,本を読んで心に残ったことを綴ってみてはいかがですか。

綴り方教室

　メモ用紙を用意してください。もちろん,パソコンを用いてもいいでしょう。
　○テーマを決める
　○テーマにそって,メモ用紙に項目を書いていく

- ・小見出しをつける要領で、思いつくままに
- ・メモ用紙1枚につき1項目
- ・訴えたいところ、ぜひ書いておきたい項目には印をつけておく
○ 1項目につき80字くらいの短文を書く（メモ用紙に）
○ メモ用紙を組み替え、アウトラインをつくる
- ・関連のある項目をまとめていく
- ・起承転結を考える
○ 継ぎ合わせ、清書する

日ごろから、自分の考えを文章にすることに慣れておくことが一番です。身近なテーマを探し、どんどん書いてみましょう。

まずは綴ってみよう

　読み手の心の中に静かに入り、そして、読み手の心の中で広がっていくのが「いい文章」です。

　美麗な飾られた文章や、激しい言葉を連ねた過激な文章で、これでもかこれでもかと相手に迫ってみても、感動を呼ぶことはできません。感動を押しつければ、文字の暴力になるのがオ

チです。

　たとえ，物足りない文章であっても，書き手の真情がにじみ出ていれば，読み手が不足を補ってくれるものです。「レクラム叢書」（ドイツ）から学んでみましょう。

- ハッキリしていることを書きなさい
- 強調や誇張は避けなさい。「最大」とか「極めて」とかは削ったほうが効果がある
- 単純に書きなさい。くどくなると，読み手が消化不良を起こす

文章の推敲

　文章を書き終えたら，他人の文章を見るつもりでチェックします。

- 内容がテーマから逸(そ)れていないか
- 展開に無理はないか
- 重複や矛盾したところはないか
- あいまいないい回しや誤解を生じるおそれのある表現はないか

- 文体は統一されているか
- ワンセンテンスが長くなりすぎていないか
- 主語と述語がはっきりしているか
- 改行は適当なところで行なわれているか
- 句読点，記号類の使い方は正しいか
- 修飾語はどこにかかっているか
- 誤字，脱字，あて字はないか
- かな書きが一般的な言葉に漢字を使っていないか
- 特殊な読みにルビはふってあるか
- 外国語，外来語，和製英語，あるいは，隠語，俗語，新造語などを安易に使っていないか
- データの出典は明確か
- 引用文に写しまちがいはないか
- 人名，地名等の固有名詞に誤りはないか
- 数字に誤りはないか
- 表記法，単位語は統一されているか
- 図表や資料の配置は適当か
- たとえ話は不適当でないか

9 情　報

|||||||| 情報に右往左往しない法 ||||||||

情報源

　何かを読んで，見て，聞いて，「オヤッ」と思ったり，「ピーン」と感じることがあります。それがそのまま，すぐ役に立たなくても，何かのキッカケでふと思い出し，意外な面で生きてくることも結構多いものです。

　情報は，「現場」「人」にあるとよくいわれます。「現場」と「人」の間を飛び歩き，情報を収集しているのがマスコミ関係者ですから，マスコミから得られる情報はばく大な量になります。もっとも，マスコミにもいろいろあって，1つの思想の下でまとめられた情報もないわけではありませんから，その点，注意が必要です。

＜新聞・雑誌スクラップ法＞
○集める
　・「オヤッ」「ピーン」ときたものは，その場で切り抜くか，コピーする

- ・日付と新聞・雑誌名を記入しておく
○ファイルする
- ・分類はあまり細かくせず，大ざっぱに
- ・1つの情報は1つの台紙に貼る
- ・自分でファイルすること
○捨てる
- ・ある程度の期間保存しておいて（6ヵ月〜1年くらい），一度も役に立たなかったものはどんどん捨てる
- ・内容的に古くなったものも同様

　情報は，コレクションではありませんからただ集めても何の役にも立ちません。自分で使いやすいように工夫をして，大いに活用することです。

ファイリング

　伝達ゲームをご存じですか。いくつかのグループに分かれて，情報の伝達のスピードと正確さを競うゲームで，先頭の人に与えられた情報を耳元で口うつしにつぎつぎと伝えていきます。列の最後の人まで，より速く，より正確に伝えたグループが勝ちです。

それほど大勢のグループでもなく，しかも情報量は少ないのに，なかなか正確には伝わりません。人間の記憶力とは頼りないものです。ときには，思いがけない答えが返ってきて，一同「どこでそうなったんだろう」と首をひねることもあります。これはゲームですが，実社会では，事は深刻です。情報が正しく伝わらなかったら，とんでもない事件が発生します。

　文書は情報を正確に，長い間記憶しておくための典型的な方法です。そこで，ファイリングシステムを，文書を例にとって見ていきましょう。

　文書として残すことは，保存という面から見れば有効ですが，大変なのは，その保管です。火山には，活火山，休火山などがありますが，会社の文書にも，活きている文書，休んでいる文書，さらには死んでいる文書があります。役目が終わった文書はどうするのか，あるいは，現在，使われている文書はだれがどういう形で保管するのかなどを明確にしておかないと，組織の活動もいつ誘爆してしまうかわかりません。

- 活きている文書……必要な人がいつでも取り出して利用できるように，整理し保管する
- 休んでいる文書……いつ処分するかを決めておき，その時まで保存する
- 死んでいる文書……用紙などをリサイクルに回すか，細かく切断するか，焼却するかなどをあらかじめ決めておき，その方法で処理する

　ファイリングは，整理し保管していたものを一定期間保存し，その後は廃棄する一連のリサイクルです。

○保管方法(準備段階)
 ・個人が保管していると,その人がいない時はどこに保管されているのかわからないことが多くなるので,組織的に保管する
 ・保管する場所を決めておく
 ・どの範囲のものをどの程度保管するかなど,関係者に通知しておく
 ・どういったファイル形式にするか,キャビネットはどんなものがいいか等,保管用事務具を決める
○レッツ・ファイリング
 ・廃棄するものは,どんどん捨てる
 ・一定の期間で保管あるいは保存するものは,期間ごとに区分する
 ・一般に,2年を経過したものが再度日の目を見ることは,ほとんどない。そういう文書は処分するまで書庫室,倉庫に保管しておく
 ・ファイルは仕事を効率的にするためのものだから,「使いやすさ」が一番大切
 ・つぎに探しやすさを考えてファイルする
 ・客先別,業務別など,知恵を出し合って決める

10 人間関係

|||||||| 心と心の交流 ||||||||

1人では生きられない

　たった1人の自分，たった一度の人生です。孤独に耐え，自分の人生をまっすぐに見て生きていくところに本当の自分があります。人生ときびしく対峙し，愛と知恵と勇気をもって生きることで，人生の美しさがわかるといいます。

　ところが，昨日は悟り，今日は語らず，明日は神頼みするのも私たちの人生です。他人は他人，我は我といい聞かせてみても，人恋しくなるのが人間です。「人」という字を見て「人間はもちつもたれつ。長いほう，短いほうのどちらが欠けてもつぶれちゃうのが『人』なんだから，お互い，支え合わなくちゃ」という人がいます。その意見には賛成です。でも，その関係は依存であってはいけません。困ったことがあると，ついつい他力本願になりがちですが，自分は今，何をすべきか，そして何

ができるのかを考え，そこから自力本願に変えていくことが必要です。

　お互いの人間性を尊重するところから真の人間関係が生まれ，その結果，お互いの個性がぶつかり合って，相手を伸ばすことができるのです。平常心でつきあいながら，お互いを高め合えたら，実にすばらしいことです。

・人間関係は相互的なものであるから，一方通行ではうまくいかない
・ズルズルベッタリにならないために，お互いの役割を決めておいたほうがいい
・相手に関心をもち，信頼することで，相手を尊重することができる
・人生の師をもつこと

　人間関係を育てる「芽」は，本当は，おのおのの心の中にあることを忘れてはいけません。自分を大切にして他人とつきあい，他人を信じながら協力し合える「他人を受け入れる心」を養ってください。

　まわりを見回すと，1つのものごとについて同調している人たちの中には，迎合的な人も多くいます。単に他人を受け入れるだけではなく，事と次第によっては断固として拒否，否定する姿勢も必要です。これも，自己を大切にする心です。

　幕末時代の長岡藩の家老・河井継之助は「一忍以て百勇を支うべく　一静以て百動を制すべし」といいました。私たちは1人では生きられません。しかし，いつもいつも他人のいいなりになったり，他人の意見に迎合していたのでは，生きている甲斐がありません。

グッド・コミュニケーションをつくるために

　愛するもののところに，ものは集まるといいます。野草に慈しみの心をもてば，その人のまわりに野草を愛する人々の輪ができます。

　グッド・コミュニケーションは相手を尊重し，相手のもっているいいところを好きになることから始まります。

　長い人生，いろいろなことがあります。時には失意にあって生活が乱れたり，常にない言動をしてしまうこともあるでしょう。身近にそんな友人がいたら，あなたはどうしますか。一日も早く立ち直ることができるよう支えたい，力を貸したいという人もあるでしょう。忠告をする，意見をするという人があるかもしれません。といっても「人がいやがる，いいにくいことをいってやる，それが親切だ」と勘違いしてはいけません。あなたがよかれと思っていったことでも，時と場合によっては，何の役にも立たないばかりか，かえって，相手を深く傷つけてしまうことがあります。人に意見をする時は，相手の気持がどうなっているのか，よく判断してからにすることです。

＜意見をする法＞
○互いに打ち解ける間柄になっていること
○相手の気分を和らげ，こちらの言葉を素直に聞ける状態にしておくこと
　・趣味の話など，軽い話題から入っていくのがよい
　・その間に，いい方やタイミングなどを考えること
○直接に意見することを避け，相手が思いあたるようにするのも1つの手
　・自分の弱点や失敗談をおり混ぜる
　・第三者の話としてさりげなく話す
○相手のいいところやほめるべき点はほめる

＜説得する法＞
○信頼感が生まれていること
○相手の気性を早くのみ込む
○相手に気持や考えを十分にいわせること
○こちらの考えを，相手の論理の上をいく「道理」で相手に1つずつ理解させていく

＜「ＮＯ」といえる関係＞
・あいまいに生きていると「ＮＯ」はなかなかいえない
・「ＮＯ」といわなければならない時は，自分を大切にする心で「ＮＯ」という

＜事実を把握する＞
たぶんこうだろう，これではあいまいです。事実を数値や言

語で示し，それに基づいて確認する必要があります。

　事実を把握するための手順は6つあります。

- 現場，現物をよく観察する
- 特性を知る
- 目的を明確にする
- 正しいデータをとる
- 統計的方法を活用して解析する
- 考察して正しい情報を得る

正しいデータを得る方法は4つあります。

- 使い方を明確にして目的にあったデータをとる
- 層別にしてデータをとる
- データの履歴を明確にする
- 測定の仕方を標準化する

11 つきあいのマナー

|||||||| まず自分から，かたくなにならないで ||||||||

一期一会

　一期一会の「一会」は「一期」の中にあるわけではありません。「一期」が「一会」なのです。
　　コノサカヅキヲウケテクレ
　　ドウゾナミナミツガシテオクレ
　　ハナニアラシノタトヘモアルゾ
　　「サヨナラ」ダケガ人生ダ
　　　　（于武陵（うぶ）の詩を井伏鱒二が訳したもの）
　　♩逢うが別れのはじめとは……
　　　　（昔，はやった歌揺曲）
こう見てくると，「一期一会」が悲しい言葉に思えてきます。

慧端という人は，禅宗の白隠禅師の師ですが，その慧端の教えに「一日暮」というのがあります。「一日暮」などというと，その日暮らしの気安さかな，と思う人もいるかもしれませんが，本当は「一日を空しく暮らしてはいけない」ということです。明日があるからといって，まだ若いからといって，何もしないでいると，一生なんか，あっという間に終わってしまうよ，と戒めているのです。

　「一日暮という工夫せしより，心は何か健やかにして，また養生の要を得たりと。……いかほどの苦しみにても，一日と思えば堪え易し。楽しみもまた一日と思えば，ふけることもあるまじ」

「一期一会」とは，「これでいいのだろうか」と自らを省みることなのです。一度きりの人生を悔いのないように積極的に生きよう，という心構えなのです。

　　山あれば山を観る
　　雨の日は雨を聴く
　　春夏秋冬
　　あしたもよろし
　　夕べもよろし
　　　　　　（山頭火）
　　たたずむな　ゆくな　もどるな　ゐずわるな　ねるな　おきるな　しるもしらぬも
　　　　　　（沢庵和尚）

　今をおろそかにしていたのでは，いい人とめぐり合うことができません。

つきあいのコツ

　鮎は清流に、岩魚(イワナ)は渓流にすんでいます。鮎も岩魚も水の汚いところでは生息できない魚です。ところが、「水至って清ければ則ち魚なし」、水があまりにもキレイで川底に藻も生えていないようなところでもすむことができません。岩陰の藻の陰で体を休め、藻を食(は)んで成長しているからです。

　人とのつきあい方も、あまりに潔癖を目指すことは危険です。少々のことなら目をつぶって、見逃し、聞き逃したほうがうまくいくものです。ささいなことで、重箱の隅を楊枝でつつくような真似はしないことです。枝葉末節にこだわる人は、肝要なことや大事なところに目のいかない、頭が回らない人です。

　人とのつきあいで、どうしても忠告したいことがあったら、

誠意を込めて直接，当人にいうことです。いいたくても，遠慮して黙っていると，他の人に陰口をいいたくなります。「面問いに科(とが)なし」，面と向かっていわれた批判や忠告は相手の気持が直(じか)に伝わるから，その時ショックであっても，あとまで尾を引くことが少ないようです。これに引き替え，「だれそれさんがこんなこといってたらしい」と陰口が回り回って（尾ヒレまでついて）本人に伝わった場合は，長くシコリを残すものです。とくに，目上の人の欠点や過失を指摘したいと思った時は，まずは，自分が尊敬できる信頼のおける人に相談してみましょう。「要らざる諫言(かんげん)立て」無用です。一番いけないのは，手柄顔で諫言することです。

　それでは，人に好かれるにはどうしたらいいか，考えてみましょう。

　容姿からくる第一印象は大切です。心して風姿を整え，礼儀正しく挨拶を忘れないでください。そして，誠意をもって接することです。相手に話題を合わせながら，よい聞き手であることが必要でしょう。ポイントは，話し合い，協力し合い，信じ合うことです。

酒席の心得

酒で不覚をとった人はたくさんいます。とくに気をつけてほしいのは，いつもおとなしい人。日ごろのうっぷんが爆発するのか，理屈っぽくなり，口論となったり，過言することが多いようです。身に覚えのある人は，くれぐれも注意してください。また，一緒に飲んだ相手がこのタイプだったら，酔って何をいっても取り合わないことです。まあ，酔っぱらった時には，早く帰って寝るに限ります。

酔って醜態を見せないために，自分の酒量はよく心得ておきましょう。それと，自分の体調を考え合わせて，ゆっくり飲むのがコツ。「今日は無礼講でいきましょう」といわれても，ガブ飲みは禁物です。無礼講とは，勝手放題にしていいということではありません。酒の席とて公の席です。酒は仕上がりをきれいにしてこそ，酒飲みというものです。酒は飲むもの，お互いに，飲んで自分もまわりの人も愉快にしましょう。

人，酒を飲み，酒，酒を飲み，酒，人を飲む類にならないことです。

同僚とのつきあい方

　好きな同僚もいれば、何となく虫が好かない同僚もいるでしょう。好き嫌いの感情をもつことは自由ですし、仕方のないことですが、それを仕事にまでもち込むのはやめましょう。私たちは組織で仕事をしているのですから、相手の仕事を尊重した上で、ときには助け合うことも必要です。好きな人だから手伝ってあげよう、あの人は嫌いだから、一緒に仕事なんてしたくない——こんな調子では、職場の秩序は保てません。相手の仕事の中身を認めていれば、やたらに批判したり、陰口をいうことはできなくなります。

　同僚より一歩先んじたい、早く認められたいと思うのは、ビジネスパーソンにとってごく普通の感情です。その感情を仕事にぶつけていけばいいことです。

　自分が「いいライバルだ」と思っていると、相手も「この人なら、競い合ってもハリアイがある」と思ってくれていること

が多いものです。こうしたライバル意識は大切なのですが，度を越さないでください。長い一生です。かりに相手に先を越されても，「もうダメだ」なんて思わず，我が道をいくことです。

　仕事で同僚と議論する時に気をつけなければいけないことがあります。私たちは相手の発言に対し，「そんなことはあたりまえ」「君はわかってないな」などと，親しさから，いってしまいがちです。これでは，同じ土俵に立って議論することはできません。

　議論の基本は，仕事を改善するためとか，仕事の効率をあげるためとか，目的をはっきりさせておくことです。

　同僚との間がギクシャクしてきたら「自分から糸のもつれをほどく」くらいの気持をもってつきあうと，いいつきあい方ができるといいます。それでも，どうしてもソリが合わなかったら──「そういう人もいるんだな」と自分の生き方の参考にしておけばいいことです。

　気心が知れてくると，同僚と私的なつきあいも生まれます。気がおけない人，フィーリングが合う人，一緒にいて楽しい人，大いに結構です。しかし，いつも特定の人とばかりつきあっていると，発想が固定化したり，あるいは相手の色に染まってしまうこともあります。場合によっては，知らず知らずに他の同僚を遠ざけているかもしれません。青春時代こそ，いろいろなタイプの人とめぐり合って，自分のもっている感性を高めておく絶好の時です。心を開いて，友人の輪を広げていったらいかがでしょう。

　同僚とのつきあい方で，すべての人に心してほしいことがあります。まず，親しき仲にも礼儀あり，とわきまえることで

す。それと、口は災いのもと。ついつい気を許して、職場の人たちの悪口や非難、噂話をしてしまいがちですが、軽はずみな発言はやめましょう。自分の品格を落とすだけです。また、同僚との金銭の貸し借りは絶対にしないことです。ちょっとした理由でお金を借りて、うっかり返すのを忘れている人に、なかなか「返してくれ」とはいいづらいものです。不仲の原因にもなりかねません。どうしても貸し借りする時は、借りたらすぐに返す、貸して返してもらえなかったら早めに催促する。また負担になるような額は貸し借りすべきではありません。

上司・先輩とのつきあい方

　上司は今、どんな立場にいるのか、理解しようと努めること、上司の指示を素直に受け、自分の仕事を積極的に行なっていくこと、この2つがポイントになります。

　上司は会社の大先輩で、仕事でもベテランです。しかし、完璧な人間などいるはずはありません。上司だって同じ人間で

す。必ず1つや2つ欠点があります。いやなところに目を向けていると，よいところが見えなくなります。上司に敬意を払い，長所を盗み取るつもりでつきあっていけば，きっとうまくやっていけるでしょう。もし，上司とソリが合わなかったり，不満がある時は，陰口をたたく前に，自分自身には原因がないのかを考えてみてください。上司に叱られることがあったら，クヨクヨしていてもはじまりません。見込みがあるから叱ってくれたんだと思って，素直にあやまることです。

　上司とのつきあい方といっても，何も仕事の上だけとは限りません。酒や遊びに誘われることもあるでしょう。もしかしたら，あなたに自分の考えをわからせようと思って誘ったのかもしれませんし，部下に好かれたいなどと思って誘うこともあります。上司との私的なつきあいは，節度を守り，仕事とのけじめをつけるべきです。腰巾着みたいなつきあい方は，仲間から反感を買うことになります。

　以上，上司とのつきあい方を考えてきましたが，先輩に対するつきあい方も，これと同じです。ついつい先輩に甘えて，出しゃばったことをしないように気をつけ，敬意をもって，指導や助言を積極的に受け入れましょう。

12 自己啓発

||||||||| 明日を創造するために |||||||||

一度だけの人生

　　　分け入っても　分け入っても　青い山
　　　　　　　　　　　　　　　　（山頭火）

　人生，常に青春であり，生涯これ学びです。1ヵ所に安住していたのでは本当の自分を見い出すことはできません。

　青春とは，悩むことです。あなたは今，青春時代まっただ中です。人生に仕事に，そして恋愛に大いに悩み，悩んだあとは，若者らしく自分で解決し，前向きに進んでください。

　「生涯是，学び」というのは，出発点をしっかり見極め，あとは人生が花開き実を結ぶまで一生かかって修行することです。「まだ，足りない」「これでも不十分」と自分にいい聞かせ

ながら，どうしたら真実に達することができるかを模索します。ちょっとした成功に気をよくして，自己を省みることを忘れていては，進歩はありません。反省を忘れた時から停滞が始まります。1ヵ所に止まっていると，いつしか堕落の悪魔が背中に取りついてしまいます。

　出世した，財を成したなどというのは，いわば小成の類です。毎日毎日を真剣に生き抜き，1日をやり遂げたと充実感をもてる人が幸せなのです。今は今しかありません。今は再び帰ってこないのです。今，現在を大切に生きることが納得できる人生を送るたった1つの道です。「ただいまがその時」という言葉があります。「いざという時は」などとよくいいますが，実は「いざという時」と平常の時は同じなのです。別個のものだと思っていると，いざという時にも何もできません。いざという時に間に合うように，常日ごろから自己を研鑽しておきましょう。

自己啓発のこころ

「どうして、そうなるんですか」「なぜですか」。私たちは、すぐ理屈を先に尋ねます。他人に結論を聞けば、早く理解できます。しかし、その結論は、自ら考え、悩み、学び取ったものではありません。自らの思考で体得した結論でなければ、決して身にはつきません。マニュアルを見て、マニュアルどおりの仕事ができることは、社会人として基本的なことです。しかし、マニュアルの中の疑問や問題点を人に教えてもらってばかりいたのでは、いつまでたってもマニュアルを超える仕事などできはしません。

「自分の足を使わず山頂に達してもそれは登山とはいわない。ただ"山頂に到着した"のにすぎない。自分の足で歩いて登ってはじめて登山といえる」（登山家・愼　有恒氏）

苦しみながらも，自分で発掘する以外，正解への道はないのです。本当のことを学びたいなら，中途半端はやめましょう。のめり込むことで，道が開けます。自分をぎりぎりの限界まで追い込み，もう，どうすることもできなくなると，おのずと明りが見えてきます。この明りを見る心を「不動心」といいます。

　自己に与えられた仕事を必死になって遂行してこそ，人間のよろこびと成長があるのです。人間は平常心を失わずに事にあたらなければ，的確な判断が下せないといわれますが，ぎりぎりの状態で自己を知ることも大切なことです。

　自己啓発は日常の中で，言葉の使い方，身体の動作，それにものの見方，すべてに「これでいいのか」と自己診断することから始まります。自己を診断することによって，自己を研鑽することができます。自己研鑽は自らが自らを磨くことです。

　「磨いたら磨いただけの光あり，性根玉でも何の玉でも」です。茶の湯でいう「数寄者(すきもの)」は，「胸の覚悟一，作分一，手柄一」をもち合わせた者を指しています。つまり，茶人としての心の据(すわ)り，茶事についての創意工夫，功績を兼ね備えた者ということです。ビジネスパーソンの自己啓発にも一脈通じます。

　生涯を通じて学習ができるかどうかは，その人間の自覚次第です。納得できる人生を送りたいと考えるかどうかです。「会社が教育熱心ではない」「会社が教育をしてくれない」などという前に「何も教育は会社のためではない，自分のためなんだ」と気づくかどうかです。元来，社会人の学習はＯＪＴ（仕事を通じて学ぶこと）を主体とした自己啓発に源があります。自己啓発は，仕事を通じて，生きがいを求めるところに意義が

あるのです。「生きがい」は「働きがい」ともいえます。働きがいは，自分の仕事に動機づけと目標をもつことから生まれます。働きがいをもつ者は自らをモラールアップし，仲間を動機づけることもできるといいます。

社会人の自己啓発は，自分を取り巻く新しい波を乗り越え，新たな活躍の場を切り開こうという信念をもち，新しい自分を見い出そうとする心を芽生えさせることが肝心です。

　グノーティ　サウトン（汝自身を知れ）

哲学の祖・タレースは，この世で一番やさしいことは，と問われて「他人に忠告すること」，一番むずかしいことは「自分自身を知ること」，一番楽しいことは「目的を達することだ」と答えたそうです。

＜自己啓発のビジョン＞

自己啓発にはビジョンが必要です。自己啓発のビジョンのことを「心を磨く種」といいます。啓発とは知識をひらきおこし，理解を深めることです。ビジネスパーソンは能力を向上させるために啓発が欠かせません。困ったことは直し，慢性化しつつある固定的，硬直的なものの見方を是正し，アクティブな行動をするために啓発が必要です。さらに，実績と成果を上げるために啓発してください。

ビジネスに求められる自己啓発は，視点の明確化です。

・短期（目先）で考えるのではなく長期（目的志向）で思考する
・抽象的な見方から具体的な見方を心がける
・現実的な視点に理念的な視点を組み込む

- 悲観的に受けとめるのではなく楽観的に考える
- 結果がすべてではない。期待どおりの成果が出なかった時は，真の原因について知恵を働かせて探索する
- 自分の立場からではなく相手（お客様，部下，上司など）の立場を 慮(おもんばか)る
- 他律的（指示待ち）ではなく自律的（主体的）に行動する
- 総合的な把握をするだけではなく分析的な把握を行なうことも忘れない

自分に合った方法で

　自己研鑽ですから，何も他人を真似てやることはありません。自分に合った方法で自己を磨いていけばいいのです。「他人と比較して自分は劣って（遅れて）いるから，大いに勉強しよう」，この気持は大事です。しかし，ハイペースでやっても，息切れし，途中で投げ出したのでは意味がありません。自己啓発は，方法，ペースいずれも自分にふさわしいものを選べばいいのです。

　「梅が香を桜の花に匂わせて柳の枝に咲かせたい」類で，あれもこれもと，短兵急につくってみても価値はありません。何ごとも基本が大切。基本から一歩一歩，堅実にやっていけば，やがて花咲き，実を結びます。

　身体のどこかが悪い，よく病気で休む，遅刻する，どうも仕事に乗りきれない——こんなことでは自己を高めることはでき

ません。自己啓発は、まず何より、精神と肉体を生活のリズムに適応させることが必要です。病気がちならば、どうしたら丈夫な身体になるかを考えることです。身体の機能が、日常の生活に無理のない状態になっているかどうかを自問し、持久力や敏捷性などで不十分なところがあれば、機能を向上させていくことも自己啓発なのです。

心配ごとがあったり、過度に緊張していたのでは集中して仕事をすることができません。疲れがあるなら十分に休養をとり、疲れがとれたら、仕事にぶつかっていけばいいわけです。

自己の役目を立派に果たし、仕事を通じて、世の中に、社会のために役に立っているのだという自覚をもつには、健康な肉体と健全な精神でなければむずかしいのです。

自己啓発のための留意点をあげておきますから、あなた自身の自己啓発に役立ててください。

○自己啓発は健康から始まる

　「どうも、最近眠れない。食事もうまくない。どうしたのだろう」──状況を把握し、どうすればいいのか考える。これが自己啓発の第一歩。

○専門外のところに自分を置いてみる

　稽古ごとには「今日はここまでやった」という充実感がある。この充実感は学ぶ楽しさである。

○学ぶためには

　興味や趣味を大切にし、人間の幅を広げ、人に教えるよろこびを知る。

・自分に合った方法を探す

・自信をもつ

ビジネスパーソンの自己啓発は,まずは7つの能力への挑戦だといわれています。「計算する」「メモする」「話す」「書く」「聞く」「読む」「考える」——自分に一番足りないと思うものに挑戦し,一番得意なものはもっとレベルアップしてみましょう。

心に炎を

自己啓発は,心に炎を燃やすことです。

冬,私たちはヒーターやストーブで部屋を暖め,寒さを凌ぎます。今は暖房器具もよいものがたくさん出回っていて,室内の空気を汚さず,しかも室温は自動的にコントロールされる大変便利な世の中です。

家庭や会社ばかりでなく,買い物でデパートに行っても,レストランで食事をしても,電車やバスに乗っても,どこもかしこも暖房が完備されていて,実に快適です。

同じ暖をとるのでも,炭火や焚火はストーブやヒーターとは少し違います。凍つくような風の吹く暗く寒い夜や,しんしんと雪が降る日,炭火を熾こした火鉢にあたっていると,身体は

さほど暖かくはならないのですが，どういうわけか，穏やかな気分になり，心が温かくなります。ストーブやヒーターを使えば肉体は暖もりますが，器具で防寒ができても心を温めることはできません。

♫さざんか　さざんか　咲いた道
　焚火だ　焚火だ　落ち葉たき……

耳がちぎれそうに凍れる日，枯木や落葉を集めて焚火。パチパチと木がはぜる音を聞きながら，火の中にくべておいたサツマ芋の焼けるのを待つ，なんていうのは昔の冬の楽しみの1つでした。焚火をしていると，いつのまにか町内，隣近所の人が集まってきて，世間話も始まります。焚火を囲んで，心と心が交流するわけです。ところが，都会では防災とやらで，もはや焚火などしたくてもできなくなりました。冬の風物詩，焚火も遠い昔の話になりつつあります。とても残念なことです。

若いあなたには，焚火の思い出はないかもしれませんが，キャンプファイアーはしたことがあるでしょう。

♫燃えろよ　燃えろよ　炎よ燃えろ
　夜空をこがして　天までとどけ

キャンプファイアーで薪に火が点された時，炎が勢いよく上がった時，そして，燃え尽きる直前の炎を見守っている時，胸がジーンとなったことがあるでしょう。キャンプファイアーの揺れる炎を見て，何か心に感じたという人も多いはずです。

火は神様からの授かりものです。古来，火の色・赤は神の色だとされ，尊ばれていました。火には不思議な力があります。

いやなことや辛いこと，悲しいことがあると，どうしても陰にこもって孤独になりがちです。親しい人に会って気がまぎれ

ても，また1人ぼっちになると打ちひしがれてしまいます。こんな時，炎を見ているとポーッと心が明るくなるような気がするものです。火は孤独を癒やしてくれます。昔の人は，さびしい時には焚火をして自分の心を温めたといいます。

　火は生きています。メラメラと燃える炎はおそろしいほどです。火が，燃えたぎる憎悪や復讐を表現することもありますが，炎は愛を育くみ，生きるよろこびをかきたててくれます。生き抜く情熱は真っ赤な炎なのです。

　「少年老い易く　学成り難し」です。私たちは1日1日，確実に年をとっていきます。「どうせ同じ一生なら，おもしろおかしく暮らしたい」と考えるのも悪くはありませんが，神様からちょうだいしたこの生命，「悔いのない人生を送ろう」と思うのも素直な気持ではないでしょうか。悔いのない人生を送りたいと思うなら，自己を高めながら生き抜くことです。学ぶ心がなければ，自分を大きくすることも高めることもできません。

　さあ，今からでも遅くはありません。しかし，明日では遅いのです。心に静かに火を点し，小さな火種をやがて真っ赤な大きな炎にしてください。

ビジネスマナーは品格を高める第一歩

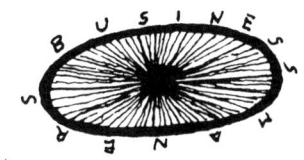

「己の欲せざる所は、人に施す勿(なか)れ」
これは、孔子の教えです。「まず許し合うことだ、そして自分

のいやだと思うことは、人に対してもやらないことだ」という意味です。ビジネスマナーには、他人に嫌な思いをさせないように心がけることが求められます。ビジネスマナーにとって最も大切な教えは、「自分がいやだと思うようなことを人にしてはいけない」ということです。人間の徳つまり品格は、この教えなくして高めることはできません。

　成果を上げる前に、あるいは善行を積む前に、まずは自分の行動を慎み、社会のルールに従うことです。相互に中傷し合ったり、足のひっぱり合いをしたりして、相手のいやがることばかりやっているようではよい仕事はできません。

　職業、商売あるいは仕事のことがビジネス、立居振舞の作法がマナーです。作法とは物事を行なう方法、決まりやしきたりのことです。ビジネスのマナーということからすると職業や仕事によって方法、決まりやしきたりには違いがありますが、ビジネスマナーでは、企業人あるいは専門職である前に一人の人間として礼儀作法が求められます。礼儀作法とは、礼と義そして起居や動作の正しい方式のことです。

　請務基本という言葉があります。「請う、其の本を務めよ」と読みます。常に物事の根本に立ち返って研鑽せよ、という意味です。禅宗臨済宗妙心寺の開山、無相大師の遺誡です。ビジネスマナーは、礼と義そして起居や動作の根本であり、人間の行動そもそもの大本です。まずは、礼儀作法を身につけて、そして、自己とは何かを見極めつつ心底に真の自己を見出してください。

参考文献

日経連弘報部編「新・職場のエチケット」
日経連弘報部編「ビジネス電話入門」
金子良子「知的女性への 25 章」
小林正夫「効率的な仕事の進め方」
坂井尚「ビジネス文書作成要領」
堀川直義「伸びる男の文章上達法」
春名正昭「話し方がうまくなる本」　　以上，日経連弘報部
秋月龍珉「禅のことば」
扇谷正造「聞き上手・話し上手」
剣持武彦ほか「日本人と間」　　以上，講談社
谷崎潤一郎「文章読本」
柳田聖山「禅思想」　　以上，中央公論社
清水幾太郎「論文の書き方」　　岩波書店
引田茂「花ことば」　　保育社
関　茂「青年と読書」　　日本YMCA同盟
沢良助「困ったときのビジネス便利事典」　　こう書房
塩田紀和ほか編「新版例解文章ハンドブック」　　ぎょうせい
神子侃「葉隠」　　徳間書店
高藤武馬，大山澄太「山頭火　句と言葉」　　春陽堂
草柳大蔵「草柳大蔵の礼儀と作法」　　グラフ社
大岡信「ことばの力」　　花神社
D.カーネギー　山口博訳「人を動かす」　　創造社
石井鐘三郎「魅力的な話し方」　　産業能率大学
古関吉雄，大岡信編「論文演習」　　桜楓社

あ と が き

　「この仕事は自分に向いてないんじゃないか」「ああいう仕事だったら，やりたいのに」と考えることがあります。でも，仕事を好き嫌いで選り好みしていたのでは"プロ"にはなれません。どんな仕事も厭わず，一所懸命に自分の情熱を注いでやり遂げていけば，やがては満足できる仕事ができるようになるはずです。こういうことを積み重ねていってはじめて，納得のいく人生を送ることができるのです。

　ビジネスマナーは「自分を高める梯子」とも「心を装う仮縫」とも申し上げましたが，自らを自らで律することができなかったら，明日の自分はつくり出せません。仮縫，つまり仕付糸がちゃんとしていれば，着心地のいい服が仕立てられます。

　その糸のことですが，数の位を表わす単位にも「糸」があります。割・分・厘・毛というと野球でおなじみですが，その下の位が糸です。糸よりもっと小さい位に「繊」というのもあります。さながら，細い繊維が縒りあつまれば糸になるというところでしょう。

　人から好かれ尊敬されて，しかも，いい仕事をしていくには，自分の行動にも他人に対する心づかいにも細心の配慮が必要です。こうした配慮がビジネスマ

ナーです。繊維の縒り方が悪ければ、ブツブツ切れてしまい、よい糸ができないように、ビジネスマナーも、その場限りの思いつきや特定の人にだけの気配りでは本物ではありません。糸が毛・厘・分・割そして「一」になるように、1つ1つ誠実に心を込めて行なうことが大事です。

　布は糸を織ってつくります。布にたとえるなら、仕事とビジネスマナーは縦糸緯糸のようなものです。たった一度の人生なのですから、すばらしい1枚の布を織り上げてください。長いようで短い一生を精一杯生きて、自分だけの布地を自分の色に染め上げようではありませんか。

葛田一雄（くずた・かずお）
1943年生まれ。横浜市立大学, 青森公立大学などで講師を歴任し現在, 明治大学講師, 三橋学園理事, コンサルタントファーム代表。著書「お客様満足を高めるサービス・マネジメント」「夢のあとに」ほか。
ささめやゆき
1943年生まれ。85年ベルギー・ドメルホフ国際版画コンクール銀賞, 95年「ガドルフの百合」により小学館絵画賞, 99年講談社出版文化賞さし絵賞, 2001年日本絵本賞。絵本「マルスさんとマダムマルス」「ブリキの音符」ほか。

改訂 ビジネスマナー常識集

著　者
葛田 一雄, ささめやゆき

発　行
平成20年11月30日　第1刷
令和5年5月30日　第3刷

発行者
大下　正
発行所
経団連出版
〒100-8187　東京都千代田区大手町1-3-2
経団連事業サービス
電話　編集03-6741-0045　販売03-6741-0043

印刷所
サンケイ総合印刷
ⒸKuzuta Kazuo, Sasameyayuki　2008　Printed in Japan
ISBN978-4-8185-2836-9 C2034